Hedi Friedrich

Auf Kinder hören – mit Kindern reden

praxisbuch
kindergarten

Hedi Friedrich

Auf Kinder hören –
mit Kindern reden

Gespräche und Spiele im Kindergarten

Herder Freiburg · Basel · Wien

Einbandfoto: Hartmut W. Schmidt, Freiburg

Alle Rechte vorbehalten – Printed in Germany

Dieses Werk ist eine bearbeitete Lizenzausgabe des in der
Schriftenreihe des Paritätischen Bildungswerkes Bundesverband e.V., Heinrich-Hoffmann-Str. 3, 6000 Frankfurt,
erschienenen BERICHTES von Hedi Friedrich:
„Mit Kindern reden" – Sprachlich kommunikative Förderung
im Rahmen eines kindzentrierten Vorschulkonzepts.

Die Originalausgabe entstand durch Förderung der Stiftung
Volkswagenwerk, Hannover, im Zusammenhang der Arbeit
der Forschungsgruppe CIEL am Psychologischen Institut der
Universität Heidelberg.

© der Originalausgabe: Paritätisches Bildungswerk
Bundesverband e.V., Frankfurt 1979
© der Lizenzausgabe: Verlag Herder, Freiburg im Breisgau 1983

Herstellung: Freiburger Graphische Betriebe 1983

ISBN: 3-451-19329-9

Inhalt

1 Einleitung

Sprachförderung kann nur gelingen, wo Kommunikation
möglich ist. Diese scheinbar simple Bemerkung umfaßt jedoch alle Probleme auf dem Gebiet der bisherigen
Spracherziehung, aber sie gibt auch Hinweise auf ein
neues Verständnis.

So verstehen wir unter Sprache nicht nur grammatisch
korrekte Sätze und Wortschatz, sondern vor allem soziales Handeln, den täglichen Umgang miteinander. Das Zusammenleben im Alltag leidet allzuoft an Verständnis-
schwierigkeiten, die in scheinbar ausweglose Konfliktsi-
tuationen führen. Aus diesen Erfahrungen rührt auch der
Wunsch, der immer häufiger zu hören ist: mehr und besser miteinander kommunizieren zu können. So entstan-
den mittlerweile eine Reihe von Kommunikationsförder-
programmen für Ehe- und Lebenspartner (G. Bach, 1974;
A. Mandel/H. Mandel, 1973), für Eltern und Kinder
(T. Gordon, 1974; Babcock/Keepers, 1980), für Lehrer
und Schüler (T. Gordon, 1976), um nur einige zu nennen.
In der Vorschulerziehung – insbesondere im Bereich
Sprache – findet dieser Trend nur zögernd Eingang. Hier
werden den Erziehern immer noch Materialien angebo-
ten, die die soziale Bedeutung von Sprache zu wenig berücksichtigen.

Deshalb ist die Zielsetzung dieses Buches auch nicht

auf einige sprachliche Fähigkeiten begrenzt, sondern umfaßt andere eng verbundene Bereiche, wie Denken, Kreativität, Phantasie, Wahrnehmung, Bewegung, Gefühle, Motivation und soziale Sensibilität mit. Dies scheint uns gerade auch aus entwicklungspsychologischer Sicht sehr sinnvoll. Wir sehen in der Förderung sprachlich-kommunikativer Fähigkeiten und Fertigkeiten gleichzeitig die Chance, den Kindern all diejenigen Möglichkeiten zu erschließen, die sie benötigen,

- um sich und andere besser kennen und verstehen zu lernen und
- um die derzeitigen und zukünftigen Situationen ihres gesamten Lebensalltags selbständig und erfolgreich bewältigen zu können.

Das Angebot des Kindergartens sollte eine Lebensumwelt für Lernerfahrungen sein, die die unterschiedlichen häuslichen Lebensbedingungen und Erfahrungen der Kinder berücksichtigt und ihnen ohne Leistungsstreß Raum und Gelegenheit bietet zur Entwicklung ihrer gesamten Persönlichkeit.

In diesem Rahmen sehen wir die vorrangige Aufgabe der vorschulischen „Spracherziehung" darin, Anregungen und Lernmöglichkeiten bereitzustellen, die es jedem Kind ermöglichen,

- diejenigen sprachlich-kommunikativen Fähigkeiten und Fertigkeiten zu vertiefen, die es bereits erworben hat, und
- seinen Erfahrungshorizont zu erweitern und neue Fähigkeiten zu erwerben.

Alle Lernanregungen müssen dem sozialen, geistigen und sprachlichen Entwicklungsstand des Kindes entsprechen und in seine alltäglichen Aktivitäten eingebettet sein. Spiele und Gespräche, bezogen auf die Welt der Kinder, ihre Alltagserfahrungen, Bedürfnisse und Möglichkeiten schienen uns besonders geeignet, allen oben genannten Gesichtspunkten Rechnung zu tragen.

Seit 1976 entstand das vorliegende Buch allmählich in seiner jetzigen Fassung. In intensiven Gesprächen mit Kindergartenerzieherinnen, in der therapeutischen Arbeit mit Kindern, in theoretischen Diskussionen mit Studenten, bei Elternabenden und Fortbildungsseminaren kristallisierten sich die Schwerpunkte des vorliegenden Konzeptes heraus. In diesem spielt die Erzieherin* eine große Rolle als nächstwichtigste erwachsene Bezugsperson neben den Eltern. Nach unseren Erfahrungen wird Sprachförderung erst sinnvoll im Zusammenhang mit einem bestimmten Erzieherverhalten, das Kinder als gleichberechtigte Gesprächspartner und selbständig lernende und handelnde Personen akzeptiert. Erst eine gute Beziehung zur Erzieherin gibt ihnen die nötige Sicherheit und Ermutigung, die sie brauchen, um die lernende Auseinandersetzung mit ihrer neuen Umwelt aufzunehmen. Die Erzieherin wirkt als Vorbild und beeinflußt das Verhalten der Kinder nachhaltig durch ihre Art, auf sie einzugehen.

Wir hegen die Hoffnung, in diesem Buch einen Eindruck vermitteln zu können, wie eng in den zwischenmenschlichen Beziehungen des Alltags die Persönlichkeitsentwicklung der Erzieherin verbunden ist mit dem Lernen und der Entwicklung der Kinder. Wir möchten deshalb alle Leser ermuntern zu einer konstruktiven Auseinandersetzung mit der eigenen Person und zur Offenheit für neue Erfahrungen. Ein Gefühl für den Wert der Selbstachtung zu erlangen, heißt sich selbst wohlwollend gegenüberzustehen, sich Fehler einzugestehen und zu erlauben und daraus zu lernen; es heißt auch, die eigenen Fähigkeiten anzuerkennen und die Verantwortung zu übernehmen für das eigene Wohlbefinden und für bewußtes und kreatives Handeln. Offensein für eigene und anderer Personen Erlebnisse, Wahrnehmungen und Gefühle führen zu einer befriedigenderen Kommunikation oder –

---

* Meistens sprechen wir von der Erzieherin, um der Tatsache Rechnung zu tragen, daß die Vorschularbeit in der Praxis überwiegend von Frauen getragen wird.

wie es eine Erzieherin bei der Fortbildung ausdrückte: „Je mehr ich für mich tue, desto besser geht es mit den Kindern, die kriegen das irgendwie mit!" Viele Erzieherinnen äußerten den Wunsch, mehr über diejenigen Kommunikationsformen zu erfahren, die eine positive Beziehung zwischen den Gesprächspartnern ermöglichen.

Der Wunsch nach Aufmerksamkeit, Anerkennung und Zuwendung als wesentliches Grundbedürfnis aller Menschen (R. Spitz, 1968; A. Montagu, 1974; J. Liedloff 1980) ist der Dreh- und Angelpunkt dieses Buches geworden, denn ihn halten wir für den wichtigsten Moment zwischenmenschlicher Kommunikation. Hier entscheidet sich letztlich, ob ein Gespräch gelingt oder scheitert. „Gelingt" wird in dem Sinne verstanden, daß alle Beteiligten sich gut fühlen können und nicht verletzt, benachteiligt, unterdrückt oder beleidigt. Diese Gefühle führen zum Abbruch der Kontakte und zu schwierigen Konflikten, wie das im Alltag immer wieder der Fall ist.

Selbstwertgefühl und Selbstvertrauen ist nicht nur ein Schlüssel für persönliches Wohlbefinden und Erfolg, sondern auch für soziales Engagement und Zivilcourage. Einzutreten für seine Meinung oder sein Recht, sich mitzuteilen, zu behaupten und durchzusetzen, sind ebenso wichtige Fähigkeiten für demokratisches Zusammenleben, wie der Austausch von Erfahrungen und verständnisvolles Eingehen auf andere Personen, gemeinsames Handeln und konstruktives Lösen von Konflikten.

Der Kindergarten bietet die Gelegenheit, solche Lernprozesse frühzeitig anzuregen. Dieses Buch will einen Beitrag hierfür leisten und Lernimpulse geben für die Kinder und ihre Erzieher; sie zur Sensibilität im Umgang miteinander ermuntern. Im Vordergrund steht dabei die Förderung der Lernbereitschaft und der selbständigen Mitarbeit der Kinder durch wertschätzende Zuwendung und verständnisvolles Eingehen auf ihr Mitteilungs- und Kontaktbedürfnis. Indem nicht nur die Förderung ihrer geistigen und sprachlichen Entwicklung bedacht wurde, sondern auch in besonderem Maße soziale, emotionale und kreative Momente einbezogen wurden, soll vor allem ihr Selbstvertrauen in die eigenen Fähigkeiten und Möglichkeiten gestärkt werden.

Wie kann nun sprachlich kommunikative Förderung im Kindergartenalltag, wie wir sie verstehen, aussehen? Dafür ist nötig, noch näher darauf einzugehen, welche Momente in der Kommunikation eine Rolle spielen:

- kommunikative Fähigkeiten;
- Inhalte (Situationen des Alltags, Spiele, Gespräche mit Themen, die Kinder betreffen);
- die Beziehung zum Gesprächspartner (zu diesem Punkt s. auch das Kapitel: Wie wir mit Kindern reden [können]).

Kommunikative Fähigkeiten

Wir gehen davon aus, daß das Kind im Rahmen der alltäglichen Verständigung jederzeit sowohl „Sender" als auch „Empfänger" ist; d. h., es teilt einerseits seine eige-

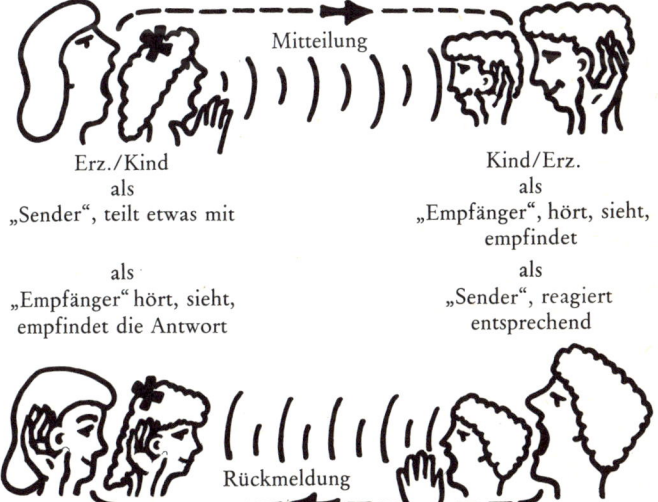

Mitteilung

Erz./Kind
als
„Sender", teilt etwas mit

als
„Empfänger" hört, sieht,
empfindet die Antwort

Kind/Erz.
als
„Empfänger", hört, sieht,
empfindet

als
„Sender", reagiert
entsprechend

Rückmeldung

nen Gedanken, Wahrnehmungen und Bedürfnisse einer anderen Person in einer bestimmten Situation mit („Sender") und nimmt andererseits deren Reaktion auf („Empfänger") oder umgekehrt.

Dabei braucht das Kind folgende Fähigkeiten, wenn die Verständigung gelingen soll:

• U. a. sinnliche Wahrnehmung, z. B. Zuhören;
• soziales Verständnis (Hineindenken in eine andere Person) und
• Einfühlungsvermögen,
um die Situation richtig einschätzen zu können. Die Sicht des anderen muß miteinbezogen werden, um die eigene Meinung, Absicht, Gefühle, Wünsche, Ideen so zu äußern, daß dieser sie auch versteht (A. Garlichs, 1973, S. 103 f.).

• sprachliche Ausdrucksfähigkeiten (grammatisch korrekte Sätze bilden können, verständliche Aussprache u. a.)

Alle Teilfähigkeiten hängen eng miteinander zusammen, beeinflussen sich gegenseitig und sind notwendig, damit ein Gespräch zustande kommen kann.

An dieser Stelle dürfen wir jedoch nicht den Eindruck erwecken, daß Kinder mit diesen Fähigkeiten und Fertigkeiten schon geboren werden, sondern sie entwickeln sie erst allmählich im Vorschulalter (Britton, 1973; J. Engelkamp, 1974). Dabei kann es große individuelle Unterschiede geben, über die Wissenschaftler lange Jahre heftige Kontroversen führten (Klein/Wunderlich, 1972). Kenntnisse und Informationen über die Sprachentwicklung helfen der Erzieherin besser einzuschätzen, wann Sprachentwicklungsstörungen vorliegen (Sagi, 1982).

Der Verlauf eines Gesprächs im Alltag hängt auch stark vom Inhalt und Beziehung zu den Gesprächspartnern ab.

Gesprächsinhalt

Wir haben Gefühle, Wünsche, Bedürfnisse, Meinungen, Berichte, Phantasien, Ideen, Fähigkeiten und Probleme zum inhaltlichen Mittelpunkt gewählt, denn nur in der Auseinandersetzung mit seiner eigenen Person, seiner sachlichen, personalen und gesellschaftlichen Umgebung kann das Kind sich selbst und seine Umwelt kennen und verstehen lernen. *Spiele* und ein *Gesprächskreis* schienen uns am geeignetsten, die Übertragung der dabei gemachten Erfahrungen auf andere Situationen zu erleichtern, zumal sich alle Themen und Inhalte auf den vertrauten Lebensalltag der Kinder beziehen.

Beziehung zu den Gesprächspartnern

Ohne besondere Berücksichtigung der sozialen Beziehung zwischen Erziehern und Kindern oder Kindern untereinander blieben diese Vorschläge, wie bereits erläutert wurde, nur eine halbe Sache.

Die Beziehung wird hergestellt durch die Art der Äußerungen, wobei Wortwechsel, Tonfall, Gestik und Mimik entscheidend das Klima zwischen den Gesprächspartnern bestimmen; zum Beispiel ist es nicht das gleiche, ob ein Kind das andere tröstet oder sich lustig macht, ob eine Erzieherin ein Kind bittet („Ich möchte einen Moment das in Ruhe lesen!") oder ob sie ihm befiehlt („Jetzt halt den Mund!"). Das Kind hört die Worte, nimmt Gesten, Ton und Mimik wahr und entscheidet danach, wie es darauf reagieren will: mit Widerspruch, bereitwillig oder gar nicht, je nachdem, welche Erfahrungen es mit befehlenden Erwachsenen bisher gemacht hat.

Je mehr sich das Sprachverständnis entwickelt, desto eher ist das Kind in der Lage, die Information (Inhalt) zur Kenntnis zu nehmen. Dies ändert jedoch nichts an der Tatsache, daß die Kinder ein feines Gespür für die nichtsprachliche Seite einer Mitteilung haben. Gesichtsausdruck, Ton, Gesten sind Anhaltspunkte, nach denen sie sich bereits seit den ersten Lebenstagen orientiert haben – und genau diese Momente stellen die Beziehungen zu den Personen in der Umgebung her. Was immer ein Erzieher zu einem Kind sagt, ruft bei diesem bestimmte Gefühle hervor. Es fühlt sich respektiert, angenommen, herabgesetzt oder verletzt und reagiert entsprechend; und das ist in diesem Alter sehr bedeutend: Es bildet sich anhand seiner Eindrücke ein Urteil über sich selbst. Selbstvertrauen, Selbstwertgefühl und Selbsteinschätzung entstehen auf diesem Wege. Außerdem gibt die Erzieherin mit ihrer Art, auf die Kinder einzugehen, jeden Moment ein Vorbild für den Umgang der Kinder untereinander.

Ausführliche Erläuterungen darüber, wie die erziehende Person die Voraussetzungen für eine partnerschaftliche Kommunikation mit den Kindern schaffen kann, folgen.

2 Wie wir mit Kindern reden (können)

 „Du", fragt Chris seine Erzieherin, „bist du verliebt?"
Diese denkt einen Augenblick nach und antwortet dann: „Nein, im Moment eigentlich nicht."
„Aber mich hast du doch lieb?" fragt Chris.
Erzieherin: „Ja, dich hab' ich gern!"
Chris: „Dann bist du doch verliebt!"
Erzieherin: „Das ist etwas anderes."
Chris: „Was ist denn da so anders dran?" ...

Sich auf einen Dialog mit Kindern einzulassen, bringt Erwachsene manchmal in unbequeme Situationen. Manche von ihnen vermeiden auch, sich den Fragen zu stellen. „Du fragst vielleicht komische Sachen, wie kommst du denn da drauf?" Viele Kinder schweigen dann und behalten ihre liebenswerten, neugierigen, nachdenklich machenden Fragen künftig für sich.

Mit Worten und Sätzen erziehen wir Kinder. Worte (und der Tonfall) können sie streicheln oder verletzen, Freundschaft oder Feindschaft bewirken, auf jeden Fall beeinflussen sie unser Verhältnis zu ihnen entscheidend. So wird Sprache für die Kinder bedeutsam, denn hier im alltäglichen Umgang machen sie ihre Erfahrungen damit. Diese Tatsache darf man nicht einfach übergehen, wenn vermieden werden soll, daß die Förderung sprachlicher Kommunikation auf ausgewählte Zeitpunkte und Übungen beschränkt bleibt. Unser Verständnis von Sprachförderung setzt den ständigen Dialog – das Zwiegespräch – voraus. Dialog bedeutet ernst nehmen der Kinder als gleichberechtigten Gesprächspartner! Um diese Feststellung nicht als Forderung im leeren Raum stehen zu lassen, ist es notwendig, ein wenig weiter auszuholen.

Die Erzieherin spielt im Kindergarten eine wesentliche Rolle als erwachsene Bezugsperson neben den Eltern. Sie kann dem Kind ein Gefühl der Sicherheit geben, das es braucht, um sich überhaupt erst einmal außerhalb der Familie zurechtzufinden. Von der Atmosphäre, die die Erzieherin schafft, hängt es in hohem Maße ab, ob ein Kind ein positives Bild von sich, auch als Gruppenmitglied, erwirbt und sich akzeptiert fühlt, ob es lernt, mit Enttäuschungen fertig zu werden und Verständnis für andere aufzubringen. Für manche Kinder spielen diese Erfahrungen, die es mit einer bestimmten Erzieherin macht, nicht nur im Kindergarten eine Rolle, sondern für seine gesamte Schulzeit und darüber hinaus. Der Kindergartenalltag bietet die Möglichkeit, den Kindern zu Erfolgserlebnissen und Anerkennung zu verhelfen. Viele Erzieherinnen unterschätzen oft ihren Einfluß auf die Kinder, denn wissenschaftliche Untersuchungen zeigen, daß es deutliche Unterschiede im Verhalten von Kindern gibt, abhängig von den Erzieherinnen (M. Schenk, 1976). Wir wollen nicht neue Forderungen aufstellen, sondern aufbauend auf dem Sachverstand und der persönlichen Erfahrung jeder Erzieherin ihr Anregung geben, ihre Kompetenzen zu erweitern, um schwierige Alltagssituationen leichter zu bewältigen und eine offene Beziehung mit den Kindern zu pflegen.

Die mit diesen Intentionen verbundene partnerschaftliche Kommunikation umfaßt viele Fähigkeiten und Fertigkeiten seitens der Erzieherin, die auch gleichzeitig bei den Kindern angeregt werden.

Eine partnerschaftliche Kommunikation erfordert:

- Zuhören, auf Meinungen, Gefühle, Belange und Probleme des Kindes einzugehen;
- sich in die Rolle des Kindes zu versetzen, sich einzufühlen;
- eigene Gefühle direkt, nicht herabsetzend mitzuteilen;
- sich sprachlich so auszudrücken, daß die Kinder es verstehen können: verständlich, eindeutig, nicht mehrdeutig oder indirekt;
- die Kinder so anzusprechen, wie diese auch mit Erwachsenen reden können (nicht: Du Schafskopf!);
- alle Intentionen und Entscheidungen mit sachlichen Argumenten begründen und nachprüfbare Aussagen machen (dem Erfahrungshorizont der Kinder angemessen);
- Vorschläge und Anregungen geben statt Befehle und Anordnungen;
- Kritikfähigkeit gegen sich selbst, Bereitschaft, eine vorgefaßte Meinung zu ändern;
- unterscheiden zu lernen, um wessen Belange und Probleme es im Moment geht – die eigenen oder die der Kinder.

Diese Art des sprachlichen Umgangs mit Kindern drückt die Einstellung zu ihnen im allgemeinen aus und teilt ihnen mit, ob bzw. daß sie als Gesprächspartner und Person geschätzt und akzeptiert werden. Da die Erzieherin auch immer Vorbild ist, können die Kinder von ihr lernen, miteinander umzugehen. Sie lernen ihre Gefühle und Gründe für ihr Handeln kennen und haben die Verantwortung, darauf zu reagieren. Die Kinder brauchen für ihre soziale und geistige Entwicklung Informationen darüber, wie sie von ihrer Umgebung eingeschätzt werden. Sie lernen dabei allmählich die Welt nicht nur vom eigenen Standpunkt aus zu sehen, sondern auch aus der Sicht einer anderen Person heraus. Dabei erfahren sie gleichzeitig, daß eine Sache oder Situation mehr als einen Gesichtspunkt hat. Dies ermöglicht und fördert das Sprechen *über* die jeweilige Situation (und somit die Sprachentwicklung).

Diese partnerschaftliche, freundliche Art, miteinander umzugehen, ist keine Selbstverständlichkeit, auch nicht unter Erwachsenen. Damit vertraut zu werden, setzt eine gewisse Aufgeschlossenheit und Bereitschaft für das Risiko neuer Erfahrungen voraus. Wesentlich bekannter ist vielmehr eine andere Form, die sich auf erzieherische Autorität beruft und dem Kind nicht zutraut, eine eigene Lösung zu finden oder einen wirkungsvollen Beitrag zu der Lösung eines gemeinsamen Problems leisten zu können.

Bevor wir noch näher auf die bereits kurz aufgelisteten Momente des Dialogs eingehen, mehr über die gerade erwähnte, wohlbekannte Art erzieherischer Machtworte.

Wie wir einen Dialog verhindern

Allzuoft herrscht im erzieherischen Alltag ein Ton, den viele für angebracht und erfolgreich halten, der aber weder eine gute Beziehung zwischen Kindern und ihren Erziehern fördert, noch zum Gespräch anregt. Natürlich beabsichtigt niemand, die Kinder zu kränken, Streit heraufzubeschwören. Die Erzieher handeln ihrer Ansicht nach in bester Absicht. Ihre Worte sind Ausdruck ihrer Einstellung, Kinder müßte man mit Ge- und Verboten erziehen. Sie erwarten ein bestimmtes Verhalten, drohen mit Strafe und verhängen sie auch. Diese Art der Erziehung ist jedoch nur scheinbar erfolgreich. Sie erreicht vordergründige Ziele mit sehr viel Mühe und unbefriedigendem Hin und Her. Sie behindert das Kind in der Entwicklung von Selbstvertrauen, Selbständigkeit und Selbstverantwortung.

Natürlich geht es nicht darum, auf erzieherischen Einfluß zu verzichten und alle Beschränkungen aufzugeben (darauf kommen wir noch zurück). Es soll auch keine Einladung an die Leser sein, sich schlecht zu fühlen, da jeder manchmal in dieser Art reagiert. Hier sollen zunächst ganz bestimmte sprachliche Verhaltensweisen bewußt betrachtet werden, die einen Dialog verhindern können. Es werden Folgen solcher Äußerungen beschrieben, um später aufzuzeigen, wie sich einfache und schwierige Situationen des Kindergartenalltags auch anders – partnerschaftlich – lösen lassen.

Vielleicht fallen Ihnen eigene Erfahrungen und Erlebnisse als Kind ein, wenn Sie die folgenden Ausführungen lesen! Wie haben Sie sich damals gefühlt? – Stellen Sie sich vor, jemand spricht heute so zu Ihnen, was würden Sie empfinden? Was würden Sie tun?

- „Jetzt hör' aber endlich mal auf mit dem Quatsch!" – „Setz' dich mal hin und beschäftige dich!" – „Räum' deine Sachen weg!" – „Jetzt sei mal fünf Minuten still!"

Befehle und *Anordnungen* fördern nicht gerade den sprachlichen Austausch, sondern teilen dem Kind vielmehr mit, daß seine Meinung dazu, seine Empfindungen und Bedürfnisse nicht gefragt sind. Die so demonstrierte erzieherische Macht ruft Furcht, aber auch Empörung, Wut und Aufsässigkeit hervor. Sie gibt dem Kind zu verstehen, daß man ihm nichts zutraut. Außerdem werden die erziehenden Personen gezwungen, darauf zu achten, daß die Anordnungen auch ausgeführt werden. Eine gute Einleitung für unerfreuliche Auseinandersetzungen (T. Gordon, 1974).

- „Wenn du jetzt nicht ruhig bist, darfst du nicht mehr mitmachen!"

Drohungen und *Ermahnungen* können Angst und Unterwürfigkeit bewirken. Aber auch Widerstand und Feindseligkeit. Sie reizen auch sehr dazu, die Erzieherin auf die Probe zu stellen, ob sie es wirklich ernst meint: „Wenn du jetzt nicht sofort damit aufhörst, dann ...!" Ja, was ...?

- „So etwas tut man nicht!" – „Jetzt mach' doch mal zu, immer bist du der letzte!"

Äußerungen dieser Art vermitteln dem Kind, wie es sein sollte. *Einreden* auf ein Kind oder *Moralpredigten* sind

Ausdruck erzieherischer Autorität. Das Kind kann sie annehmen, sich schlecht und schuldig fühlen, oder mit Widerstand reagieren – auf jeden Fall gibt es von seiner Seite
nicht viel hinzuzufügen. „So etwas tut ein Mädchen
nicht!" teilt ihm mit, daß es nicht richtig handelt, denkt
und fühlt.

Viele Erwachsene, die Kindern gutes Benehmen predi-
gen, tun dies auf recht ungehobelte Art und Weise. Sie erklären zum Beispiel: „Man unterbricht nicht, wenn andere
(Erwachsene!) miteinander sprechen!" und im nächsten
Moment brechen sie die aufgestellten Grundsätze wieder,
indem sie die Kinder nicht ausreden lassen. Erziehung zur
Höflichkeit erfordert Taktgefühl. Viele Erwachsene gehen da nicht immer mit bestem Beispiel voran!

● „Kinder müssen lernen, sich zu vertragen!" – „Was hast du
denn da schon wieder gemacht!"

Wer liebt *Strafpredigten* oder *Vorhaltungen?* Sie folgen
meist, wenn das Kind etwas angestellt hat, und halten ihm
sein Unrecht vor die Nase. Die Reaktion sind verzweifelte
Verteidigung und Rechtfertigung, Ableugnung (das war
ich nicht) oder der Vorsatz, sich demnächst nicht mehr er-
wischen zu lassen, denn das Selbstwertgefühl des Kindes
wird erheblich angegriffen.

● „Das macht man so!"

Belehrungen sind auch nicht gerade beliebt. Sie zeigen
dem Kind, daß es unwissend, untergeordnet und unzu-
gänglich ist. Logik und Tatsachen können ein Kind unwil-
lig machen: „Das weiß ich auch!" Eine bessere
Möglichkeit ist auf jeden Fall, ein kleines Mißgeschick
hinzunehmen und zusammen mit dem Kind einen Weg zu
finden, es zu reparieren. Statt: „Ich hab' euch doch gesagt,
spielt nicht mit dem Ball im Zimmer!", oder: „Da habt ihr
die Bescherung!" folgende Hinweise geben: „Draußen
liegt ein Besen, da ist ein Lappen ... Vorsicht, die Scherben schneiden." – Das gibt den Kindern die Möglichkeit,
aktiv den angerichteten Schaden auszubügeln!

● „Das kapierst du doch nicht!" – „Das war sicher wieder der
D., du bist halt ein Tolpatsch!" – „Du wirst einmal ein richtiger
Rowdie!"

Die Entwicklung des kindlichen Selbstbildes hängt von
den Urteilen ab, die es von seinen Bezugspersonen hört.
Überwiegend positive Aussagen stärken sein Selbstwertgefühl und Selbstvertrauen, *negative Urteile* können der
Entwicklung seiner gesamten Lebenseinstellung schaden.
Es beginnt, sich dumm, schlecht, ungeliebt und wertlos zu
fühlen. Wut, Haß, Gegenkritik, sog. Verhaltensstörungen, Unlust usw. können die Folge sein. Ein einziges ne-
gatives Urteil fällt stärker ins Gewicht als mehrere
positive! Ein Kind, das ungünstige Wertungen erfährt,
wird in Zukunft sehr vorsichtig sein und seine Anliegen
eher für sich behalten, um *Kritik* zu entgehen, die sein
Selbstbild verletzen würde. Passiert etwas ungeschicktes,
so ist es am besten, die Begebenheit selbst zu behandeln
und nicht den Urheber. Verschüttete Milch zum Beispiel
ist kein Grund für weitreichende Beurteilungen der kindlichen Persönlichkeit (H. Ginnot, 1969, S. 25), wie: „Du
Schussel!" — „Du Taugenichts!" – „Du hast zwei linke
Hände!" – Ärgert sich die Erzieherin darüber, so kann sie
dies als ihr Gefühl dem Kind mitteilen: „Das ärgert mich
jetzt aber!" ... – „Ich bin sauer ..." o. ä.

● „Spiel' doch mal Lego oder male was" ... – „Sitz' nicht so
rum!" – „Das mußt du so machen!" (in belehrendem Tonfall).

Erwachsene, die Kindern stets gute *Ratschläge* und fertige
Lösungen anbieten, geben ihnen zu verstehen, daß sie ihnen nicht zutrauen, selbständig zu denken und eigene Lösungen zu finden oder einen eigenen Beitrag zur Lösung
eines Problems zu leisten. Manche Kinder geben es mit
der Zeit auf, sich darum zu bemühen. Sie verlieren ihre
Selbständigkeit und Eigeninitiative und werden abhängig
von den Ideen ihrer Erzieher. Diese wissen es ohnehin
besser. Je mehr aber ein Kind das Gefühl hat, an der Lösung eines Problems beteiligt zu sein, desto eher ist es ge-
neigt, sich an Vereinbarungen zu halten.

● „Das hätte ich nicht von dir erwartet, daß du das schon kannst!"

Es wird zwar allgemein angenommen, daß *Lob* gut tut, aber das ist durchaus nicht immer der Fall. Manchmal klingt es unglaubhaft für die Kinder und ärgert sie eher, besonders, wenn es aufs Geratewohl gegeben wird.

Lob sollte wohldosiert, überzeugend und anschaulich sein und statt auf die gesamte Persönlichkeit oder den Charakter („Du bist ein Künstler!") des Kindes auf seine Anstrengungen und kleinen Erfolge bezogen sein. Das gibt ihm die Möglichkeit, positive Schlüsse daraus zu ziehen: „Das habe ich gut gemacht!"

Lob darf nicht die einzige Quelle der Zuwendung für Leistungen sein, das spornt nicht an, sondern erzeugt Druck. Lob kann Kinder in Verlegenheit bringen und sie abhängig davon machen. Dann wird ein Ausbleiben von Lob schon zur Kritik.

● „Du solltest doch wirklich groß genug sein, um das zu wissen." – „Du alte Heulsuse, du wirst nie ein richtiger Mann."

Beschimpfen, lächerlich machen oder *Beschämen* wirken besonders zerstörend auf das kindliche Selbstbewußtsein und Selbstwertgefühl. Den Kindern bleiben wenig Möglichkeiten, sich zu wehren. Genau wie negative Urteile kann das Kind die Beschimpfungen annehmen und ein entsprechendes Selbstbild entwickeln oder sich verteidigen (Du alte Ziege!). Jüngere Kinder, deren Wortschatz noch nicht so viele Schimpfworte und Entgegnungen enthält, reagieren eher „unleidlich", „ungezogen". Mit Sicherheit erwirbt eine Erzieherin mit solchen Worten wenig Zuneigung.

● „Das glaubst du doch selbst nicht!" „Das machst du nur, um uns zu ärgern."

Solche „*Analysen*" zeigen eine besonders überlegene Haltung der Erzieherin an, die für alles schon die Gründe kennt. Liegt sie, wie oft, falsch, ärgert sich das Kind über die Ungerechtigkeit. Hat sie recht, fühlt es sich bloßgestellt. Davor fürchten sich auch die meisten Erwachsenen noch. Außerdem schafft es nicht gerade eine Basis für eine vertrauensvolle Beziehung. Vielmehr wird das Kind beschließen, seine Gefühle und Probleme in Zukunft für sich zu behalten und möglichst sich nichts anmerken zu lassen.

● „Das ist doch nicht so schlimm!" – „Jetzt hör' schon auf zu jammern!" – „Denk' einfach nicht mehr daran!" – „Das geht anderen genauso am Anfang!"

Erlebt ein Kind, daß ihm seine Empfindungen in dieser Art ausgeredet oder zerstreut werden, ist es bald still, weil es sich unverstanden fühlt. Solche aufheiternden, beruhigenden oder ablehnenden Äußerungen drücken wenig Respekt und Interesse vor den Gefühlen und Gedanken des Kindes aus. *Nicht ernstnehmen* ist eine Form der Zurückweisung und ermutigt nicht dazu, sich weiterhin an diese Person zu wenden.

Verständnisvolles Eingehen dagegen bedeutet echten Trost. Viele Leute haben jedoch Schwierigkeiten, Ärger, Schmerz oder Traurigkeit mitzufühlen, weil sie selbst diese Gefühle fürchten und nicht damit umgehen können. Sie als menschliche Realität zu akzeptieren ist der erste Schritt zur Bewältigung.

● „Wer hat das gesagt?" – „Warst du das?" – „Wie hast du denn das angestellt?" – Wann hast du …?"

Solche *Fragen* oder *Verhöre* können bedrohlich wirken, wenn Kinder nicht wissen, worauf es hinausläuft, und sich evtl. an frühere Drohungen erinnern. Sie reagieren dann mit Schweigen oder Schwindeln. Außerdem können diese Fragen mangelndes Vertrauen, Verdacht und Zweifel zu verstehen geben. Sie können auch der Kontrolle dienen, ob Anweisungen ausgeführt worden sind. Manche Kinder kommen erst garnicht dazu, etwas zu erzählen, wenn ihnen laufend ganz bestimmte Fragen gestellt werden. Dies ist nicht unbedingt der Weg, etwas zu erfahren, weil der

andere nicht frei erzählen kann. Manche Erzieherinnen
fragen auch Dinge, die sie ohnehin schon wissen, um das
Kind zu einem Geständnis zu bewegen. Warum-Fragen
sind immer schwierig. „Warum hast du das getan?" – das
wissen die Kinder (und die meisten Erwachsenen) meist
selbst nicht.

● „Mach' nur so weiter, dann wirst du's schon zu etwas bringen!" (dem Kind ist gerade ein Teller aus der Hand gefallen).

Ironie (oder Sarkasmus) ist besonders ein Beispiel für Äußerungen, bei denen der Tonfall und die Aussage dem
entgegenlaufen, was eigentlich gemeint ist. Das Kind
spürt die negative Tendenz, die ähnlich wie beißender
Spott besonders verletzend für das Selbstwertgefühl sein
kann. Solche Sätze zu kontern, fällt den meisten Erwachsenen schwer. Kinder fühlen sich hilflos zwischen dem
bissigen Unterton und ihrer Einschätzung des Gesche-
hens. Zurück bleibt meist ohnmächtige Wut.

Daß verbotene Dinge besonders reizvoll sind, ist eine Art
Volksweisheit. Viele Verbote, die Kinder in ihrem Alltag
begegnen, wurden von Erwachsenen aufgestellt, um ihre
Interessen zu schützen.

● „Das Spielen im Flur ist im Interesse aller Mieter untersagt!" –
„Betreten der Wiese verboten!" – „Für Kinder kein Zutritt!"

Viele *Verbote* sind wenig einsichtig für Kinder und be-
schneiden ihren Spaß, ihre Bedürfnisse und Ausdrucks-
möglichkeiten oft erheblich. Allerdings gibt es auch
„Grenzen" im Alltag der Kinder – zum Beispiel der Arzneischrank, oder hinauslehnen aus dem Fenster, über die
Straße rennen usw. –, die die Erzieherin ganz klar und un-
mißverständlich ziehen muß. Bei einer Untersuchung, bei
der Kindern ganz unterschiedliche Formulierungen von
„Verbotsäußerungen" vorgelegt wurden, mußten sie diejenigen heraussuchen, der sie am ehesten folgen könnten
(H. Tausch, 1960). Man fand heraus, daß sachliche, un-
persönliche Formulierungen, bei denen die Erzieherin

Verständnis für die Kinder zeigt, am ehesten akzeptiert werden. Etwa: „Es macht Spaß, auf der Mauer zu balancieren, aber es ist zu gefährlich herunterzufallen; deshalb klettert ab jetzt niemand mehr hinauf!" Statt: „Ich hab' dir doch gesagt, du sollst da nicht hinaufklettern. Sofort kommst du da herunter! Wehe dir, ich erwische dich noch einmal!"

Verbote, die ein Kind nicht verstehen kann, reizen zu Wiederholungen oder zur heimlichen Ausführung. Wichtig ist, den Kindern „Grenzen" zu begründen, ihnen Konsequenzen zu erklären; zum Beispiel was passieren kann, wenn man runterfällt. Begründungen regen die Kinder an, sich mit bestimmten Begegenheiten auseinanderzusetzen. Zwar entbebt das niemanden der Aufsichtspflicht, denn Aufmerksamkeit seitens der Erzieher ist in jedem Fall angebracht. Ob sich Kinder aus Trotz oder mangelndem Verständnis über Grenzen hinwegsetzen, bleibt gleich gefährlich. Erläuterungen geben den Kindern eine Chance, eigenverantwortlich zu handeln.

Vermutlich weiß jeder aus Erfahrung, daß herabsetzende Verbotsäußerungen nicht die gewünschte Wirkung erzielen, denn sie vermitteln keine Annahme. Doch verwenden sie viele Erzieherinnen fast selbstverständlich, weil sie sie selbst so kennengelernt und bislang auch noch keine bessere Möglichkeit entdeckt haben. Viele sind sich ihrer Äußerungen garnicht bewußt und schätzen sich selbst ganz anders ein (A. Tausch u. a., 1968). Oft fordert der aufreibende Alltag es geradezu heraus, mit einigen Machtworten durchzugreifen. Für viele Erzieherinnen ist es sehr anstrengend, in einer großen Gruppe quicklebendiger Kinder, wobei sie für jedes einzelne die Verantwortung haben, bestimmte Situationen des Tagesablaufs zu arrangieren, wie zum Beispiel Frühstück, Kreisspiele, Essen und Schlafen (in Kitas). Sie neigen dann eher dazu, mit Schimpfen, Befehlen und Anordnungen durchzugreifen. Manche Kindergärten haben ihren Tagesablauf umorganisiert, so daß möglichst viel Freispiel und eigene Entscheidungen der Kinder (zum Beispiel wann sie frühstücken möchten) möglich sind, da die Erfahrung zeigte, daß diese „kritischen" Zeiten dann viel ruhiger und reibungsloser abliefen.

Wie der Dialog gelingen kann

Aus dem Verständnis für den sehr anstrengenden Alltag einer Erzieherin heraus möchten wir einige Möglichkeiten aufzeigen, mit Kindern umzugehen, die ihr einen Gewinn und Entlastung in ihrer Arbeit bringen können. Machtworte sind nur scheinbar eine schnellere und günstigere Lösung. In Wirklichkeit muß die Erzieherin mit all den Folgen kämpfen, die wir gerade ausführlich beschrieben haben. Das kostet Energie und trägt nicht dazu bei, sich kompetent und zufrieden zu fühlen. Erfreulich wäre auch eine verständnisvolle Unterstützung seitens des Trägers einer Vorschuleinrichtung, indem er für genügend Arbeitskräfte und damit kleinere Gruppen sorgt. Dadurch würde es den Erzieherinnen leichter, auf jedes einzelne Kind einzugehen. Die Kinder, die zum ersten Mal den engen Kreis ihrer Familie verlassen, brauchen noch die Zuwendung einer erwachsenen Bezugsperson. Erst dies gibt ihnen die Sicherheit, sich zu entfalten, Probleme lösen zu lernen, schöpferische Ideen zu entwickeln und sich wohl zu fühlen.

Die frühe Förderung kommunikativer Fähigkeiten ist ein wichtiger Beitrag dazu, daß ein Kind lernt, mit sich und anderen auf befriedigende Art und Weise umzugehen. Es lernt in seiner neuen Umgebung neue Worte und Sätze, es erwirbt neue Bedeutungen. Von daher wird es wichtig für die Erzieherin, mit Worten sorgfältig umzugehen, denn sie sind immer mit einer „Botschaft" verbunden. Es macht einen Unterschied, ob ein Kind sich an Äußerungen, wie: „Jetzt halt' du mal den Mund", – „Das gibts jetzt nicht!", – „Heulsuse", usw. ... gewöhnt, oder ob es sprachliche Umgangsformen erfährt, wie sie im folgenden beschrieben werden.

► *Zuhören*

Zuhören ist untrennbar mit Sprechen verbunden, und ein Gespräch kann nicht zum Dialog werden ohne gegenseitiges Zuhören. Das Kind hört der Erzieherin (den Eltern) zu und lernt dabei die Sprache – Worte und Wortbedeutungen, grammatische Regeln (J. Britton, 1973). Es wird ihm auf diesem Wege jedoch nicht nur die Sprache vermittelt, sondern auch ihre alltägliche Anwendung, zum Beispiel was man mit Worten und Sätzen bewirken kann: andere beleidigen, streicheln, überzeugen ... Sprache kann nie von Wertungen und Gefühlen getrennt werden. Sie ist eng verbunden mit der Welt der Erwachsenen, ihren Ansichten und Umgangsformen, aber auch mit der eigenen kindlichen Welt. Der Dialog mit den Bezugspersonen hilft dem Kind, seine Erfahrungen zu verarbeiten und neue Fertigkeiten zu entwickeln. In der Erziehung findet man jedoch oft Monologe, d. h., das Kind wird belehrt, verhört usw.. Trotzdem ist die Erzieherin längst nicht im Bilde, was in dem Kind eigentlich vorgeht. Das herauszufinden, erfordert aufmerksames Hinhören und Hinsehen.

Das aufmerksame Zuhören fordert das Kind auf, zu sprechen und seine Sprache einzusetzen. Zuhören drückt außerdem Anerkennung aus. Das Kind mit seinen Gedanken und Meinungen wird ernstgenommen. Zuhören kann unterschiedlich intensiv sein. Man kann ganz einfach zuhören, was das Kind zu sagen hat. Damit zeigt die Erzieherin ihr Interesse und ihre Aufmerksamkeit.

- „Aha", „Oh", „Interessant", „Tatsächlich?", „Ja ...",
  „Wirklich?", „Erzähl doch mal!", „Schieß los, ich höre",
  „Klingt, als ob du mir etwas Wichtiges zu sagen hättest!" ...

Diese Äußerungen signalisieren Bereitschaft zum Zuhören.

Eine intensivere Form mittels Zuhören auf ein Kind einzugehen, wird *aktives Zuhören* genannt (T. Gordon, 1974). Diese Art des Zuhörens kommt aus dem Bereich der therapeutischen Beratung und läßt sich etwa so erklären: Die Erzieherin versucht zu verstehen, was das Kind

empfindet oder sagen will. Sie formuliert in ihren eigenen
Worten, was sie hört und teilt dies dem Kind mit. – Nicht
ihre eigene Meinung, ein Rat oder irgendeine Frage. Sie
versucht zu verstehen und sich in das Kind hineinzuversetzen. Ihre verständnisvolle „Widerspiegelung" ermuntert das Kind zum Weitersprechen oder gibt ihm die
Möglichkeit, es noch einmal genauer zu erklären oder
evtl. auch richtigzustellen.

„Ich mag heute nicht in den Kindergarten!"
Erz.: „Heute hast du gar keine Lust zu kom-
men!"
K.: „Nein, heut' haben wir Besuch zu Hause!"
Erz.: „Hm, das findest du natürlich interes-
santer."

Dies vermittelt dem Kind das Gefühl, verstanden zu werden und
regt es an zum weitersprechen und zum erklären. Die Erzieherin erfährt in diesem kleinen Dialog wesentlich mehr über die
Gründe des kindlichen Unlustgefühls, als wenn sie ihm auf seinen ersten Satz etwa geantwortet hätte: „Ich hab' auch nicht jeden Tag Lust, hierher zu kommen!"

Zuhören bedeutet Einfühlen – in Haß, Freude, Trauer,
Enttäuschung, Ärger usw. ... Dies ist für viele Erwachsene nicht leicht, vielen fällt es schwer, selbst mit diesen
Empfindungen umzugehen. Sich an die Stelle eines anderen zu versetzen, von seiner Warte aus zu sehen, zu denken, zu empfinden, kann unter Umständen auch die
eigene Meinung oder Einstellung beeinflussen. Es erfordert Bereitschaft zur Veränderung, Mut dazu und zahlt
sich in einem besseren Verhältnis zu den Kindern aus.
　　Auf einen wichtigen Punkt soll noch hingewiesen werden: Wie stellt man fest, wann es angebracht ist, aktiv
zuzuhören – oder wann genügt eine einfache Antwort?
Wenn ein Kind einfach um eine Information oder Aus-
kunft bittet, reicht es selbstverständlich aus, zu hören und
eine Antwort zu geben. Hat ein Kind ein *Anliegen,* so ist es
angebracht, *aktiv zuzuhören.* Vorab ist jedoch wichtig, zu
klären, ob es sich tatsächlich um *sein* Anliegen oder Pro-

blem und nicht im Grunde genommen um das der Erzieherin handelt.

Das Kind hat ein Anliegen oder Problem

– einige Kinder lehnen es ab
– ein Kind hat ihm sein Spielzeug weggenommen
– ein Kind kommt mit einem Puzzle nicht zurecht
– ein Kind will beim Gruppenspiel nicht mitmachen oder traut sich nicht

Probleme und Anliegen der Erzieherin

– sie will, daß die Kinder aufräumen
– es ist ihr zu laut, sie möchte mit allen etwas zusammen machen

Wie die Erzieherin dieses Anliegen mitteilen kann, darüber wird im nächsten Kapitel gesprochen.

Beispiele zum Vergleichen

Ein Kind kommt zur Erzieherin.
Kind: „Die lassen mich nicht mitspielen!" (Kind hat ein Problem.)
Erz.: „Ach geh', du wirst sie halt mal wieder geärgert haben!" (Weiß den Grund schon vorweg, urteilt und beschuldigt; das ganze klingt herabsetzend und überlegen.)
Kinder im Hintergrund: „Der macht immer wieder alles kaputt!"
Kind: „Ich will aber auch bauen!" (Das Kind wehrt sich, indem es trotzig beharrt.)
Erz.: „Dann bau' halt für dich, aber hier, dann störst du die anderen nicht." (Schlägt eine Lösung vor im Ton einer Anordnung.)
Zu den anderen: „Laßt dem A. auch noch ein paar Klötze!" (Ein Befehl.)
A. trottet unschlüssig davon. In dieser Situation löst die Erzieherin ein Problem des Kindes selbst. Ein echter Dialog findet nicht statt.

Wie sieht nun eine andere Lösung aus, bei der die Erzieherin zuhört?

Ein Kind kommt zur Erzieherin.

Kind: „Die lassen mich nicht mitspielen!"

Erz.: „Du möchtest auch mitbauen an dem Turm?"

Kind: „Ja, aber der ist so hoch, ich kann nicht hinlangen!"

Kinder im Hintergrund: „Der macht immer alles kaputt!"

Erz.: „Du bist noch nicht so groß und dann fällt immer alles wieder herunter!"

Erz.: „Hhm, etwas für dich allein".

Das Kind nickt, schaut aber sehnsüchtig und auch mißmutig zu den anderen hin.

Erz.: „Viel lieber würdest du mit den Kindern spielen".

Das Kind nickt traurig.

Das Verständnis der Erzieherin hat ihm zunächst einmal geholfen, so weit mit der Situation zurechtzukommen, daß es sich etwas eigenes sucht. Sie hat seine Gefühle anerkannt und keine Lösung herbeigeführt, auch wenn das Kind gerade eine traurige Erfahrung macht. Während die erste Version des Beispiels recht vertraut klingt, vielleicht mit einem unguten Gefühl dabei, klingt die zweite etwas fremd. Reagiert jemand so? Es ist zumindest ungewohnt, bisher haben das hauptsächlich Psychotherapeuten so gemacht.

Die Erzieherin fühlt sich hier nicht gezwungen, die Situation zu klären und den Richter zu spielen. Sie hört zu, akzeptiert das Problem und läßt das Kind eine Lösung finden – einfacher im Grunde und zufriedenstellender als die erste Version.

Dieses Miteinandersprechen ist sehr wichtig – wichtig für das kindliche Selbstwertgefühl und für seine Sprachentwicklung, denn es lernt seine Sprache anwenden. Außerdem wird das Kind angeregt, selbst über sein Problem nachzudenken, und lernt es zu lösen – mit Hilfe der Erzieherin! Durch ihr Verständnis gewinnt sie sein Vertrauen, denn durch das Zuhören kommt überhaupt erst zutage, worum es eigentlich geht.

Zunächst noch ein paar Beispiele und Übungen zum Zuhören, denn es ist nicht leicht, sich frei zu machen von der Vorstellung, daß man stets eine gute Antwort parat

haben muß, die alles klärt. Es ist recht schwierig am Anfang, aber man kann sich an diese Art des Zuhörens ge-
wöhnen – nicht nur im Arbeitsbereich.

 Ein Kind hat den Finger leicht geklemmt und
weint.
Erz.: „So schlimm war das doch gar nicht!"
  (Versucht, ihm seine Empfindung auszure-
  den.)
Kind: „Doch!" weint weiter. (Beharrt darauf.)
Erz.: „Du bist doch schon so groß, da weint man doch nicht
  mehr so!" (Sie teilt ihm mit, wie es sein sollte.)
Das Kind wendet sich ab und verdrückt sich schluchzend.
  (Fühlt sich sicherlich nicht respektiert und zurückgewiesen;
  vielleicht schließt es daraus, daß es nicht wichtig ist und nicht
  so wie es sein sollte.)

Eine bessere Lösung:

Erz.: „Au, das tut weh!"
Kind: „Ja, der blöde Stuhl!"
Erz.: (streichelt den Finger) „Noch so schlimm?" „Weg mit dem
  Stuhl!", schiebt ihn beiseite.
Kind: „Ja, schon besser!" lächelt sie an. (Freut sich über die
  freundliche Zuwendung.)

Es war vielleicht nur eine Bagatelle, aber die Erzieherin
hat das Gefühl des Kindes akzeptiert. Das war eine gute
Medizin.

Das ganze klingt zunächst sehr schwierig, wie soll man
immer so aufmerksam sein? Trotzdem ist es nicht nur
Mühe, (am Anfang) zuzuhören, es hilft auch, die vielen
kleinen Situationen, die den Alltag zur Anstrengung werden lassen, mit weniger Aufwand zu bewältigen: Zum Beispiel Streit schlichten zwischen den Kindern. Es ist eine
undankbare Aufgabe, die Verantwortung für die Entscheidungen zu übernehmen, wer recht und unrecht hat.

 Katrin kommt zur Erzieherin, ganz wütend:
Katrin: „Die Eva hat mir die Puppe weggenom-
    men!"
Erz.: „Eva, komm mal her! Warum hast du Katrin
    die Puppe weggenommen?" (Befehl und Ver-
    hör.)

Eva: „Ich habe zuerst damit gespielt!" (Verteidigt sich.)
Erz.: „Warum streitet ihr euch eigentlich dauernd, es ist doch
    genug Spielzeug da!" (Vorhaltungen machen, Hinweis auf
    eine Lösung.)
Beide Kinder schauen grimmig zu Boden. Beide sind verärgert
und fühlen sich schuldig.
Erz.: „Hier sieht es überhaupt schlimm aus, ich schlage vor, ihr
    räumt erst einmal auf!" (Anordnung, übergeht den Streit und
    bringt *ihr* Anliegen vor – Aufräumen. Damit umgeht sie eine
    Entscheidung.)
Die Kinder gehen in die Puppenecke und schieben lustlos, ohne
sich dabei anzusehen, einige Dinge zur Seite.
Erz.: „Das ist doch nicht aufgeräumt!" (Kritisiert und bringt ih-
    ren Unwillen zum Ausdruck über die Arbeit; vielleicht möchte
    sie früher weggehen oder hat noch viel zu erledigen; das wis-
    sen die Kinder jedoch nicht; sie haben eher das Gefühl, alles
    falsch zu machen.)
Die Kinder legen zusammen mit der Erzieherin die Sachen ins
Fach. Der Streit ist nicht beigelegt, und alle sind unzufrieden.

Eine andere Version:

Katrin kommt zur Erzieherin und schnauft wütend:
Katrin: „Der Uwe hat mir die Puppe weggenommen!"
Erz.: „Und darüber bist du jetzt so ärgerlich?" (Hört erst einmal
    das Gefühl des Kindes.)
Katrin nickt.
Sie gehen beide in die Ecke, wo Uwe spielt. (Sie zitiert ihn nicht
    herbei!)
Katrin: „Das ist meine Puppe!"
Uwe: „Nein, ich habe zuerst damit gespielt!"
Erz.: „Ja, was nun? *Die* Puppe ist sehr wichtig für euch beide!"
    (Ergreift nicht Partei, hält sich raus und betont die Bedeutung
    dieser einen Puppe, dezenter Hinweis auf die andere)
Katrin: „Die andere ist kaputt."

Erz.: „Wenn ich Zeit habe, werde ich sie mal anschauen." (Greift
    das Problem auf und verspricht, etwas zur Lösung beizutra-
    gen)
Uwe (plötzlich): „Du kannst doch den Wagen haben!" (Macht
    ein Angebot)
Erz.: „Katrin, ich glaube, Uwe will mit dir spielen." (Verdeutlicht,
    was sie gehört hat.)
Katrin ist noch sauer: „Den will ich nicht!"
Geht jedoch zögernd darauf zu. Nach einer Weile spielen beide
zusammen weiter.

Jetzt ist zwar noch nicht aufgeräumt, wie in der ersten
Version, aber alle scheinen zufriedener. (Wie die Erzieherin ihren Wunsch nach Aufräumen den Kindern mitteilen
kann, besprechen wir im nächsten Abschnitt.)

Die Lösung von Konflikten wird auch im Gesprächs-
kreis und in den Rollenspielen aufgegriffen. Ein solcher
Konflikt bietet eine gute Gelegenheit, ihn als aktuelles
Thema zu behandeln: Was kann man tun, wenn sich zwei
Kinder um ein Spielzeug streiten? (vgl. Nr. 59, S. 130).

Ein Kind malt ein Haus und zeigt es der Erziehe-
rin.
Peter: „Schau mal!"
Erz.: „Heute kann man schon sehen, was es
    sein soll!"
„Es wird immer besser."
Freut sich das Kind über ein solches Lob? Die Erzieherin sagt
ihm nicht, was es gut gemacht hat, nur indirekt, daß es vorher
schlechter gezeichnet hat. Dieses Lob kann ihr das Kind sicher-
lich nicht so richtig abnehmen.

Eine andere Möglichkeit wäre:

Kind: „Schau mal!"
Erz.: „Oh, ein Haus und was ist das?" (Zeigt Interesse, versucht
    genau festzustellen, was das Kind gezeichnet hat.)
Das Kind erklärt das Bild. „Das ist ein Haus, da wohnt ein Mann!
    Das ist das Dach und der Schornstein ... Das ist schief. Ich
    kann noch keine Fenster malen."

Erz.: „Die Fenster sind nebeneinander und übereinander, so
wie dort bei diesem Haus." (Zeigt aus dem Fenster.) „Jedes
Stockwerk hat Fenster."
Kind zeichnet einige ein. „So?"
Erz.: „Ja, eines für jedes Zimmer!"
Kind: „Wir wohnen im zweiten Stock!"
usw. ...

Ein Gespräch entwickelt sich, an dem das Kind lebhaft
teilnimmt. Außerdem erfährt die Erzieherin, daß das
Kind schon mehr weiß, als sie vermutet hat. Oft sind es
bestimmte kleine Dinge, die ein Kind noch nicht weiß und
die durch gezielte Information, nicht belehrend, ergänzt
werden können, ohne daß es das Gefühl haben muß, gar-
nichts zu wissen. Belehrungen lassen den Gesprächspartner meistens verstummen. Dies wird besonders bei den
vielen Fragen, die im Laufe eines Tages gestellt werden,
aktuell. „Was ist ...?", „Warum ist ...?"
Bei Sachfragen reicht der Hinweis auf eine weitere In-
formationsquelle oder eine sachliche Information. Bei
Entscheidungsfragen kann das Kind lernen, diese selbst
zu treffen, das heißt, es braucht dazu ein Angebot von
Handlungsmöglichkeiten anstelle einer fertigen Lösung.
Kinder müssen ihren eigenen Weg finden, ein Problem zu
lösen. Viele Erwachsene dagegen glauben, ihre größte
Aufgabe bestehe darin, immer eine Lösung anzubieten,
die für das Kind die beste ist. Diese Ansicht führt nicht
nur zu Belastungen, sie bringt auch selten den gewünsch-
ten Erfolg. Das Kind lernt das, was ihm wichtig erscheint,
am schnellsten. Es muß seinen eigenen Weg finden, die
Fähigkeiten zu erlernen, die ihm ermöglichen, selbständig
ein Problem zu lösen. Längeres Zuhören gibt auch oft erst
Aufschluß darüber, was ein Kind schon gelernt hat. Da
jede Person andere Erfahrungen macht, abhängig von ihrer häuslichen Umgebung, ihrer Persönlichkeit und diese
auch auf eine andere Art ausdrückt, ist *Zuhören,* einfaches
und aktives, so nötig, um überhaupt erst einmal zu verstehen, was das Kind meint. Daraus kann sich ein Gespräch
entwickeln. Alle anderen Reaktionen sind eher geeignet,

das Kind zum Schweigen und zum passiven, aber nicht gerade zufriedenen Empfänger zu machen.

Es gibt eine hilfreiche Übung aus der Partnerschaftsberatung, bei der ein Gesprächspartner erst dann seine Meinung äußern darf, wenn er dem anderen aufmerksam zugehört hat und dessen Meinung kurz zusammengefaßt wiedergeben kann, als Zeichen dafür, daß er sie verstanden hat. Erst nach der Bestätigung: „Ja, so habe ich das gemeint" darf er antworten.

Viele lang schwelende Auseinandersetzungen im Alltag sind oft nur Austausch von längst bekannten Argumenten. Jeder vertritt seine Position, ohne auf den anderen einzugehen, und nichts ändert oder klärt sich.

▶ *Mitteilen*

Im vorausgehenden Abschnitt ging es vor allem darum, wie eine Erzieherin optimal zuhören kann. Jedoch nicht nur die Kinder, auch die Erzieherin hat Anliegen, Probleme und Bedürfnisse, oder der Kindergartenalltag macht es nötig, bestimmte Grenzen zu setzen und auf deren Einhaltung zu achten. Erst duch klare und offene Mitteilungen und Begründungen lernt das Kind, daß andere Personen – auch die Erzieherinnen – Gefühle, Eigenschaften oder ihre Gründe für ein bestimmtes Verhalten haben. Diese Information braucht das Kind für seine soziale, emotionale und geistige Entwicklung. Es lernt allmählich die Welt nicht nur von seinem eigenen Standpunkt aus zu sehen, sondern auch aus der Perspektive einer anderen Person heraus. Im Umgang mit ihr erfährt es, daß eine Sache oder Situation mehr als einen Aspekt hat. Gerade das Sprechen darüber hilft dem Kind, sich allmählich von der konkreten Situation zu lösen und *über* etwas zu sprechen.

Ob es überhaupt zu einem Dialog kommt oder nicht, hängt ab von der Art, etwas mitzuteilen. Sei es als Antwort, Erwiderung oder als eigene Mitteilung eines Anliegens, herabsetzende Äußerungen wie weiter vorne (vgl. S. 18 ff.) beschrieben, sind nie der ideale Weg, etwas zu erreichen. Unserem Konzept entsprechend sollten Mitteilungen an die Kinder:

- *klar und verständlich* sein, abgestimmt auf die Erfahrungswelt des Kindes;
- von der Erzieherin ausgehen, d. h. mit „ich", nicht mit „du" beginnen;
- begründet werden mit *sachlichen und nachprüfbaren Argumenten* (zum Beispiel auch Informationen über mögliche Folgen);
- die Erzieherin teilt ihr Gefühl, ihre Meinung, ihren Wunsch *offen* mit, und zwar eindeutig, nicht mehrdeutig oder indirekt („reiß das Fenster ruhig noch weiter auf, heute ist es ja warm!" wäre eine ironische Anmerkung und indirekte Aufforderung, das Fenster zu schließen, weil es schneit);
- sie macht Vorschläge, statt Befehle zu erteilen;
- sie bietet Handlungsmöglichkeiten statt Werturteile an.

 Die Erzieherin ist damit beschäftigt, notwendige Eintragungen in ein Buch zu machen, wird aber jeden Augenblick von einem anderen Kind unterbrochen, das etwas will. Schließlich fährt sie ein Kind an: „Könnt ihr denn nicht mal 5 Minuten ohne mich auskommen? Los geh und spiel mit den anderen bis nachher!"

Gewiß ist die dauernde Störung eine Belastung, aber diese Reaktion ist keine Lösung des Problems. Das Kind erhält einen Rüffel für alle Kinder. Es bekommt das Gefühl, etwas Falsches getan zu haben, ohne zu wissen, wo der Unterschied zu den anderen Situationen liegt, in denen es stets eine Antwort erhalten hat. Der heftige Gefühlsausbruch führt auch dazu, daß das Kind demnächst sehr vorsichtig sein wird. Außerdem wird der Befehl, daß es mit den anderen Kindern spielen soll, höchstens Unverständnis und Ärger hervorrufen, denn das will es ja ohnehin.

Diese Reaktion ist ineffektiv, wirkt herabsetzend auf das Kind und gibt ihm gar nicht die Möglichkeit, Rücksicht zu üben. Ähnliche Situationen wären:

– urteilen: „Du bist ungezogen!"

- beschimpfen: „Kannst du nicht mal 5 Minuten wie andere Kinder spielen, du Zappelphilip!"
- analysieren: „Du willst nur, daß ich mich den ganzen Tag mit dir beschäftige!"
- belehren: „Kinder müssen sich auch mal mit sich beschäftigen lernen!"

Eine andere Möglichkeit, diese Situation zu lösen, wäre, den Kindern etwa folgendes mitzuteilen: „Ich muß hier noch etwas eintragen, bitte laßt mich einen Moment in Ruhe. Es macht keinen Spaß, und ich muß mich konzentrieren. Nachher hab ich wieder Zeit!" – Hier erfahren die Kinder genau, worum es der Erzieherin gerade geht. Sie erfahren, was von ihnen erwartet wird, und haben nun die Chance, sich rücksichtsvoll zu verhalten.

„Ich-Botschaften", wie man diese Art der Mitteilungen nennt, helfen dem Kind Verantwortung für das eigene Verhalten zu übernehmen. Sie zeigen, daß man den Kindern Verständnis zutraut. Das fördert ihre Selbstachtung. Viele Kinder sind oft überrascht zu sehen, wie sie auf ihre Erzieherin wirken. Das können sie nur lernen, wenn diese es aufrichtig mitteilt – und zwar so, wie sie es meint. Außerdem geben die Erzieherinnen hiermit ein gutes Beispiel für die Kinder, sich selbst so offen mitzuteilen. Eine Beziehung, in der jeder offen sagen kann, was er will, meint und denkt und eine entsprechende Antwort von seinem Gegenüber erhält, ist vertrauensvoll und tragfähig, im Gegensatz zu den gegenseitigen Beschimpfungen und Beschuldigungen, die weit verbreitet sind.

Erz.: „Du willst mich ja nur ärgern!"
Kind: „Sie helfen mir ja nie!"

Vielleicht denkt es diese Dinge auch nur verbittert, ohne sie jemals laut zu sagen. Sie werden zu einer schlechten Erfahrung.

 Sie haben einen schlechten Tag, sind müde oder hatten Ärger. Teilen Sie dies den Kindern mit? Die Welt der Kinder ist so eng verbunden mit dem Alltag der Erwachsenen. Sie spüren die Konflikte und bleiben allein mit ihren Gefühlen und Vermutungen. Eine offene Erklärung nimmt

ihnen die Angst, es sei ihre Schuld. Hier genau lernen die Kinder, daß auch Erwachsene Gefühle und Probleme haben – ohne daß sie diese nun im Detail vor ihnen auszubreiten brauchen.

Sie können den Kindern sagen: „Du gehst mir heute auf die Nerven!" Das Kind denkt – ich bin ungezogen ...? Oder Sie können ihm sagen: „Ich bin heute müde und habe Kopfschmerzen." Das Kind weiß nun – aha, sie ist müde, hat Kopfweh, was kann ich tun?

Oder: „Ich möchte am liebsten mal hier sitzen und nichts tun!" Das Kind kann verstehen. Es ist seine eigene Entscheidung, rücksichtsvoll zu reagieren. In den meisten Fällen tun Kinder dies.

Besser als solange zu warten, d. h. freundlich und geduldig zu bleiben, bis der Geduldsfaden reißt und die Erzieherin „platzt", ist einfach zu sagen, wie sie sich fühlt. Aussprechen kann Spannungen lösen. In der offenen Ich-Form verletzt es niemanden. Jeder Mensch hat viele Gefühle im Alltag, und besonders Berufe, die mit anderen Menschen zu tun haben, sehen sich den unterschiedlichsten Empfindungen ausgesetzt. Sie einfach beiseite zu schieben, führt häufig zu Kopfschmerzen, Magenschmerzen, Wutausbrüchen o. ä. Daher ist es wichtig, sie zu akzeptieren, sie als berechtigt anzuerkennen und ihnen Ausdruck zu verleihen in einer Art und Weise, die keinem schadet. Treten sehr negative Empfindungen, Abneigungen gegenüber einem Kind auf, so ist es sinnvoller, diese zunächst mit einer Kollegin oder anderen Person zu besprechen. Ein solches Gespräch hilft, die Gefühle zu klären (woran erinnert mich dieses Kind) und wirkt erleichternd. Sehr intensive negative Reaktionen sind meist in der Lebensgeschichte verankert und werden in bestimmten Situationen hervorgerufen. Sich dessen bewußt zu werden, verhindert, daß Gefühle auf einem Kind „abgeladen" werden in einem Ausmaß, das es nicht versteht und nicht verkraften kann.

Manchmal hören die Kinder nicht. Was nun? Bestehen Sie ruhig darauf. Kinder müssen auch erst zuhören lernen. Außerdem erfahren sie außerhalb des Kindergartens

oft eine ganz andere Art des Umgangs. Vielen fällt es
schwer, eine „Ich-Botschaft" auszusprechen, denn die
meisten von uns haben irgendwann einmal gelernt, es sei
besser, sich bescheiden zurückzuhalten. „Ich" könnte
egoistisch klingen. Dabei haben viele von uns verlernt,
ihre spontanen inneren Empfindungen wahrzunehmen
und anzuerkennen. An diesem Punkt können wir von den
Kindern lernen, die weit weniger Schwierigkeiten wie wir
Erwachsene haben, auszudrücken, was sie wollen und
fühlen. Statt sie davon abzubringen, können wir mit ihnen
gemeinsam erfahren, wann es hilfreich und wichtig ist im
Umgang miteinander, „Ich ..." zu sagen.

In Gesprächen mit Eltern und Erzieherinnen konnten
wir feststellen, daß sie von Ärger berichteten, der zu solchen Aussagen geführt hat, wie etwa: „Du bist ein un-
dankbares Kind!" Wut und Ärger entstehen, weil das
Kind sie an einem wunden Punkt berührt hat. Sie verspü-
ren Lust, sich zu rächen, ihm einen Denkzettel zu verpas-
sen, damit es das sein läßt.

 Eine Erzieherin versucht, etwas zusammenzu-
stecken, was ihr nicht gelingt. Alle Kinder
schauen zu. Sie wird unsicher und hastig, denn
sie ist der Meinung, sie müsse das auf Anhieb
perfekt erledigen. Sie hat Angst, ungeschickt
zu sein. Ein Kind freut sich: „Frau S. kann das
auch nicht!" Die Erzieherin darauf wütend: „Du brauchst gar
nichts zu sagen, du kannst ja noch nicht einmal alleine deinen
Mantel anziehen!"

Die Erzieherin reagiert mit Wut über das Nichtgelingen und
den Kommentar des Kindes. Aber die erste Empfindung war
Verlegenheit und Unsicherheit: „Das freut dich, wenn es bei mir
auch mal nicht geht! Es ist mir nicht so angenehm, daß ich das
nicht zusammenbringe!" Eine solche Antwort kostet mehr
Überwindung, ausgehend von der Annahme, daß Erwachsene
bzw. Erzieherinnen solche Dinge können sollten. Sie sind jedoch viel lehrreicher für ein Kind. Es ist selbstverständlich, daß
auch Erzieherinnen nicht alles können.

Bisweilen erlebt die Erzieherin auch, daß Kinder ihre Wünsche und Forderungen rundweg ablehnen. Das hängt damit zusammen, daß sich im Vorschulalter der Wunsch nach Selbständigkeit, das Interesse an bestimmten Dingen und eine ganze Reihe neuer Bedürfnisse entwickeln. Eingriffe seitens der Erwachsenen rufen dann Wut und Ärger hervor. Solche Ablehnungen, die vom Nein bis hin zu heftigen Zornausbrüchen variieren können, werden auch als Trotz bezeichnet. Bleibt die Frage, wie die Erzieherin einerseits das so wichtige Selbständigkeitsstreben des Kindes unterstützen, ihm andererseits jedoch auch helfen kann, seine Ansichten und Bedürfnisse mit den Forderungen und Begrenzungen der Umgebung in Einklang zu bringen. Viele Trotzreaktionen werden hervorgerufen durch Befehle, Belehrungen, Ratschläge u. ä. (s. S. 19 ff.). Sie lassen sich durch einfühlendes Verständnis am besten auffangen oder gar vermeiden.

Auch ist es ganz besonders wichtig, zu prüfen, ob die Forderungen und Begrenzungen unbedingt nötig sind („Mach dich nicht schmutzig"; oder ob nicht doch möglich ist, eher auf die augenblicklichen Bedürfnisse und Wünsche des Kindes einzugehen (etwa ihm ein altes Hemd zum Überziehen zu geben).

Man reißt auch keinen Erwachsenen von einer Minute zur anderen aus einer Tätigkeit, wie das manchmal mit Kindern geschieht: „Komm sofort rein!", wenn das Kind gerade mitten im Spiel ist.

Dem Kind Mitspracherecht einzuräumen, ist eine gute Möglichkeit, unerfreuliche Auseinandersetzungen – wer sich besser durchsetzen kann – zu vermeiden. Hat die Erzieherin ein Anliegen, zum Beispiel aufräumen, weil heute geputzt werden muß, so ist eine Diskussion um das *ob* wenig nützlich; eher ist das *wie* und *wer* von Interesse. Hier können die Kinder mitentscheiden, was sie übernehmen möchten.

Während es bisher vorwiegend um die Mitteilung der eigenen Gefühle und Gedanken ging, geht es nun um die

durchschaubare Vermittlung bestimmter Anliegen und Informationen.

Der Kindergartenalltag erfordert, bestimmte Grenzen
zu setzen oder Vereinbarungen zu treffen und auf deren
Einhaltung zu achten:

- Einhalten der Zeitvereinbarungen für Kommen und
  Gehen;
- Mitnehmen/Mitbringen von Spielzeug, Essen usw.;
- Beschädigen oder Zerstören von Einrichtung und Spiel-
  zeug;
- Aus dem Fenster werfen von Gegenständen;
- Körperliche Angriffe auf andere Kinder;
- Selbstgefährdung oder -verletzung;
- Verlassen des Hauses oder Raumes ohne Zustimmung
  der Erzieher und vieles mehr.

Hier ist vor allem notwendig, diese Grenzen den Kindern
klar und verständlich und eindeutig zu erklären, wobei
sachliche Information über Konsequenzen des Verhaltens
wichtiger sind als Anweisungen (s. auch S. 36). Das Kind
braucht sachliche Argumente, um zur Eigenverantwor-
tung zu gelangen, auch sachgemäß zu handeln. Unbegründete Verbote nehmen ihm diese ab und provozieren
eher, auszutesten, was die Erzieherin jetzt wohl sagt und
unternimmt. Man kann auch mit den Kindern über Grenzen diskutieren und logische Argumente sammeln, aber
nicht nur das, auch die Gefühle, etwa Ärger darüber, können ausgedrückt und akzeptiert werden. Das erleichtert
die Einsicht in sachliche Begründungen. Jedoch nicht nur
bei diesen Problemen, sondern bei allen Informationen,
die eine Erzieherin den Kindern fast ständig gibt, ist es
wichtig, daß es sich um jederzeit nachvollziehbare und
nachprüfbare Aussagen handelt. Dazu gehören auch die
Begründungen von Entscheidungen. Die Kinder sollen
überzeugt und nicht überredet oder gezwungen werden.
Es kann sich dabei durchaus eine Diskussion entwickeln.
Dies fördert nicht nur die Sprach-, sondern auch die
Denkentwicklung der Kinder. Sie sind selbst aktiv daran

beteiligt, eine Lösung zu finden und zu lernen, ein Problem von mehreren Seiten her zu betrachten und zu argumentieren. Das bedeutet auch ein Loslösen vom ausschließlich eigenen Standpunkt und Dinge aus der Sicht anderer sehen zu lernen, ihre Argumente zu verstehen und eigene zu formulieren.

Eine auf diesem Wege gefundene Lösung ist für alle annehmbar, und die Kinder sind auch viel geneigter, sich danach zu richten. Vielleicht sind solche Diskussionen für manche Erzieherinnen ungewohnt. Sie erscheinen ihnen u. U. unnötig und zeitraubend. Zieht man jedoch die Zeit und die Nerven in Betracht, die Anordnungen und Befehle erfordern, bis sie von widerwilligen Kindern ausgeführt sind, lohnt sich die Mühe einer Diskussion.

 Eine gute Möglichkeit, das alltägliche Problem des Aufräumens anzugehen, wäre, einige Gespräche darüber zu führen, Gründe dafür und dagegen zu sammeln und einen gangbaren Weg zu finden.

Dafür:
– damit andere mit den Dingen wieder spielen können;
– nicht so viel verlorengeht;
– geputzt werden kann;
– die Kinder Ordnung lernen (wobei es hier eine Rolle spielen wird, wie die Vorstellungen der jeweiligen Erzieherin von Ordnung aussehen. Diese können vom Zusammenschieben bis zum exakten Einordnen variieren.)

Dagegen:
– die Kinder haben keine Lust;
– sie wollen weiter spielen;
– sie vergessen es einfach;
– sie sind mit den strengen Ordnungsvorstellungen nicht einverstanden, vor allem, wenn sie nur mit den Bedürfnissen der Erwachsenen begründet werden, usw. ...

Gegenseitiges Zuhören, direktes Mitteilen der eigenen Vorstellungen sind notwendig, um hier eine für alle akzeptable Lösung zu finden, wer wann was aufräumt. Diese Lösung kann in jeder Gruppe anders aussehen.

Erinnerung in sachlicher Form: „Wer war heute an der Reihe?" ... anstelle eines persönlichen Befehls oder Urteils: „Aber jetzt räum auch auf!", oder etwa: „Auf dich kann man sich nicht verlassen!" (Bewertung).

Überhaupt ist eine sachliche Formulierung günstiger, wenn es nicht um aktives Zuhören oder um eine persönliche Mitteilung geht, etwa: „Die Farben stehen auf dem Schrank!", statt: „Du weißt doch, wo die Farben stehen, dann hol sie mal!"

Befehle und Anordnungen lassen sich ohne weiteres durch Bitten und Vorschläge ersetzen, etwa: „Dazu braucht ihr ..." statt „Nehmt ..."

▶ *Symmetrie*

Aus dem bisher Gesagten geht stets deutlich hervor, daß im Dialog mit den Kindern wie mit gleichberechtigten Partnern gesprochen wird. Erwartungen und Forderungen werden begründet und nicht als unveränderbar hingestellt. Es können sich Diskussionen entwickeln, bei denen das Kind zu einer für alle zufriedenstellenden, manchmal originellen und interessanten Lösung beitragen kann. Informationsmängel werden durch notwendige, sachliche Erklärungen ausgeglichen. Das Kind hat die Möglichkeit, über seine Erlebnisse, Wünsche und Empfindungen zu sprechen und sie genau wie die Erzieherin in ein Gespräch einzubringen. Dies ist natürlich nur möglich, wenn das Kind als gleichberechtigter Partner akzeptiert wird und jede Erzieherin so mit ihm spricht, wie sie das auch umgekehrt von dem Kind erwartet.

Zum Beispiel: „Los, jetzt mach mal zu!", oder: „Du bist eine Transuse!", würde keine Erzieherin akzeptieren, wenn es von einem Kind käme, ohne zu glauben, daß erzieherische Maßnahmen nun am Platze seien! (A. Tausch, 1965).

Eine gute Kontrolle für Erzieherinnen, ob sie die Kinder durch ihre Sprache herabsetzen und zu Gegenreaktionen provozieren, ist festzustellen, ob die Sätze, die sie zu den Kindern sagen, diese auch umgekehrt anwenden könnten!

Erinnern Sie sich an bestimmte Situationen oder lassen Sie ein Tonband mitlaufen und hören Sie sich einmal in Ruhe selbst zu! Sprechen Sie beim Frühstück anders als beim Freispiel, Kreisspiel oder beim Aufräumen?

Untersuchungen haben gezeigt, daß sich viele Erwachsene gar nicht bewußt sind, wie viele Befehle, Kommandos, korrigierende oder zurechtweisende Äußerungen sich im Laufe des Tages einschleichen – oft bei Kleinigkeiten und meist überflüssig. Auch viele Erzieherinnen schätzen hier die Zahlen viel niedriger ein. Akzeptierendes Zuhören und Mitteilen dessen, was wirklich stört, interessiert usw. ... in der Ich-Form hilft, das Gleichgewicht herzustellen, das für einen Dialog notwendig ist, damit er überhaupt stattfinden kann. Außerdem ist dies Voraussetzung dafür, daß Gespräche auch von einem Kind begonnen werden können und nicht die meiste sprachliche Aktivität nur von den Erziehern ausgeht. Der Dialog Kind – Erzieherin hat wichtige Bedeutung als Vorbild für das Sprechen der Kinder untereinander.

Ein guter Dialog braucht ein ausgewogenes Verhältnis zwischen Zuhören und eigenem Mitteilen. Dominiert eines dieser beiden, wird der gleichberechtigte Dialog gestört.

▶ *Echt sein*

Kinder und Jugendliche reagieren erstaunlich empfindlich auf Widersprüche zwischen den wörtlichen Aussagen und Mitteilungen und dem nicht-sprachlichen Verhalten, das meistens unbewußt das Sprechen begleitet. Tonfall, Gesten, Gesichtsausdruck, Bewegungen, Körperhaltungen, die nicht mit dem Gesagten übereinstimmen, wirken verwirrend auf das Kind, machen es unsicher und mißtrauisch.

Kleine Kinder, die die Sprache noch nicht beherrschen, orientieren sich nach nicht-verbalen Zeichen und kommunizieren selbst so. Sie lächeln, strampeln, schreien, quieken vor Vergnügen und vieles mehr. Sobald sie sprechen lernen, erfahren sie, daß Worte und ihre Bedeutungen mit einem bestimmten Tonfall, mit Gesten und Bewegungen einhergehen. Ein Vorschulkind ist schon so vertraut mit der alltäglichen Umgangssprache, daß es Abweichungen spürt. Wenn zum Beispiel eine Erzieherin in scherzendem

Ton schimpft, weiß das Kind nicht: Macht sie jetzt wirklich Spaß, oder meint sie es ernst. Das kann verwirrend wirken.

Es gelingt uns selten, die wahre Einstellung und den momentanen Gefühlszustand zu verheimlichen, zum Beispiel akzeptierend zu antworten, wenn wir gereizt oder ärgerlich sind. Dann ist es in jedem Fall besser, dies offen und nicht verletzend mitzuteilen als versteckt und indirekt, sarkastisch oder ironisch: „Heute bist du wieder besonders lieb!", wenn das Kind zum Beispiel gerade einen Blumentopf umgerissen hat.

Ein Kind zu akzeptieren ist sehr allgemein gesagt, denn dieses Kind verhält sich jeden Moment, und es gibt dabei sicherlich einige Verhaltensweisen, die eine Erzieherin nicht so ohne weiteres annehmen kann. Das kann man von keiner Erzieherin erwarten, denn sie ist auch eine Person mit eigener Meinung und Gefühlen.

Ehrlich mitgeteiltes Nicht-akzeptieren eines Verhaltens („Ich mag nicht, wenn du meine Sachen durcheinanderbringst".) kann das Kind verstehen und hat die Chance, darauf einzugehen. Für eine vertrauensvolle Beziehung zwischen Erzieherin und Kindern ist Echt-sein wichtig, denn die nicht-sprachlichen Signale sind besonders geeignet, Gefühle und Einstellungen mitzuteilen. Jede sprachliche Mitteilung braucht die nicht-sprachliche als Unterstützung. Dies ist so selbstverständlich, daß es im Alltag kaum jemandem auffällt, obwohl es den Eindruck von einer anderen Person und die Beziehung zu ihr entscheidend mitbestimmt. Zum Beispiel kann „persönliche Wärme" durch einen lächelnden Gesichtsausdruck, zugewandte Körperhaltung und Blickrichtung, Nähe und sanften, ruhigen Tonfall mit den dazugehörigen Worten: „Vielen Dank, das war nett von dir!" übermittelt werden. Eine Person, die dieses sprachliche und nicht-sprachliche Verhalten öfters zeigt, wird meist als freundlich charakterisiert. Aber es ist völlig normal und selbstverständlich, daß diese Person auch andere Gefühle ausdrücken kann, je nach Stimmung und Situation.

Stellen Sie sich doch einmal einige nicht-sprachliche Ausdrucksformen vor:

- Welche Gesten zeigen: Ärger, Abwehr, Freude, Verlegenheit usw. ...
- Welche Körperhaltung spiegelt diese Gefühle wider?
- Wie sieht der dazugehörige Gesichtsausdruck aus?
- Treten Sie dabei einer anderen Person nahe oder nicht?
- Wie ist Ihre Blickrichtung? Ihr Tonfall? Was sagen Sie?

Spielen Sie oder lassen Sie die Kinder oder eine Kollegin eine ärgerliche, freundliche ... Person mimen. Übertreiben schadet nichts!!

Kennen Sie Personen, die Sie schon einmal als unecht empfunden haben? Schwierig oder gar schädlich für Kinder wird es dann, wenn die Ausdrucksformen nicht zusammenpassen. Sie empfangen dann zwei sich völlig widersprechende Mitteilungen und können nicht entscheiden, ist die Erzieherin jetzt ärgerlich – nein, sie lächelt ja, aber sie schimpft doch – „Du alter Quälgeist", hat sie gesagt ...??? Oder gestern sagt Mutti, sie kann Frau S. nicht leiden, und heute lacht sie so freundlich mit ihr ...?

Schädlich werden diese Widersprüche erst, wenn sie gehäuft oder ständig auftreten und das Kind in Konflikte stürzen, weil es nicht mehr entscheiden kann, wie es sich nun verhalten soll. Die zitierten Beispiele, die ihm gelegentlich begegnen, lernt es bald unter „Höflichkeit" einzuordnen.

Auch Vorschulerziehung läuft Gefahr, nicht echt zu sein, besonders sog. Sprachförderungsprogramme. Wenn es nicht gelingt, die angestrebten Ziele in Einklang mit der alltäglichen Umwelterfahrung zu bringen, lernen die Kinder eine fremde Sprache, mit der sie außerhalb der Vorschulerziehung nicht sehr viel anfangen können. Aus diesem Grunde enthält unser Buch einen ausführlichen Teil mit zahlreichen Beispielen, wie wir mit Kindern sprechen können. Wenn die Erzieherin, mit der das Kind täglich einige Stunden zusammen verbringt, auch außerhalb des Gesprächskreises und der Spiele partnerschaftlich kommuniziert, so wird sein Kindergartenalltag zu einer ganz wesentlichen Erfahrung, wie Menschen miteinander umgehen können. Dies kann besonders wichtig sein, wenn seine Eltern ihm ganz andere Erfahrungen vermitteln. Um weitere Widersprüche mit der Erfahrungswelt der Kinder zu vermeiden, werden nirgends feste Inhalte angegeben – zum Beispiel wie eine Kleinfamilie aussieht und wohnt. Die Kinder bestimmen die Inhalte der Spiele und Themen weitgehend selbst, sprechen über *ihre* Familie, *ihr* Wohnhaus, *ihre* Gewohnheiten, Sorgen usw.. *Ihr* Alltag ist der Maßstab.

▶ *Erzieherverhalten*

Zum Abschluß dieses Kapitels wollen wir noch versuchen, das beschriebene erzieherische Kommunikationsverhalten in ein allgemeines Erziehungsmodell einzuordnen.

Die wissenschaftliche Forschung hat, um Erzieherverhalten und seine Wirkung besser untersuchen zu können, einzelne Verhaltensweisen zusammengefaßt, die sich mit einem Oberbegriff charakterisieren lassen. So sind die Begriffe *autoritärer, demokratischer* oder *Laisser-faire* Erziehungsstil sicherlich den meisten Erziehern nicht unbekannt. Zwar verhält sich selten jemand so, daß man nach einiger Zeit Beobachtung mit Sicherheit sagen könnte, er erfüllt ausschließlich Kriterien demokratischer oder autoritärer Erziehung. Jedoch lassen sich bestimmte Tendenzen feststellen, Verhaltensweisen, die unabhängig von der jeweiligen Situation zu verschiedenen Zeitpunkten immer wieder auftauchen, so daß sie sich bis zu einem gewissen Grade vorhersagen und einem bestimmten Stil, zum Beispiel demokratisch, zuordnen lassen. Das bedeutet aber nicht, daß die betreffende Erzieherin durchaus auch eine Reihe ganz anderer Verhaltensweisen verwirklicht. Auch spielt die unterschiedliche Ausprägung einzelner Verhaltensweisen eine Rolle.

Zu welchem Erziehungsstil eine Erzieherin in ihrem pädagogischen Handeln neigt, hängt ab von ihrer individuellen Eigenart, von der jeweiligen Situation, ihrer Ein-

stellung, den Lebensbedingungen und bisherigen Lebens-
erfahrungen, auch vom Alter, ihrer Ausbildung und von
den Kindern, mit denen sie zu tun hat. Dies fanden wissenschaftliche Untersuchungen heraus, die sich mit der
Eltern-Kind-Beziehung beschäftigten.

Ein sehr anschauliches Modell soll uns dazu dienen, die
unserem Ansatz entsprechende Tendenz von anderen abzugrenzen. Dieses Modell enthält bedeutsame Merkmale
erzieherischen Handelns (in unterschiedlicher Ausprägung) (A. Tausch, R. Tausch, 1971 S. 162 f.).

Minimale Lenkung
AUTONOMIE

unbeteiligt	
	demokratisch
gleichgültig	
	kooperativ
vernachlässigend	
FEINDSELIGKEIT	LIEBE
Abneigung / emot. Kälte	Wertschätzung / Wärme
fordernd	gutmütig
autoritär	nachsichtig
überbehütend	besitzergreifend

KONTROLLE
Maximale Lenkung

Nach diesem Modell läßt sich das Erziehungsverhalten
danach einstufen, wie stark die Lenkung des kindlichen
Verhaltens einerseits ist, andererseits wieviel Wärme und
Wertschätzung es erfährt.

Betrachten wir uns den Begriff *autoritär* näher. In unserem Modell ist er gekennzeichnet durch sehr viel Len-
kung/Kontrolle und durch Geringschätzung/Kälte. Dieses Erziehungsverhalten findet seinen Ausdruck in den

Äußerungsformen, die wir im ersten Teil dieses Kapitels vorgestellt und beschrieben haben. Ein echter Dialog kommt selten zustande. Die Kommunikation geht meist vom Erwachsenen aus, sie ist asymmetrisch. In einer Untersuchung (Wintermantel/Knopf, 1976) konnte nachgewiesen werden, daß Furcht vor einer Person die Kinder in ihrem sprachlichen Ausdruck hemmt. Sie sprechen mehr, erzählen lebhafter und auf einem höheren Sprachniveau, wenn sie die andere Person mögen und nicht fürchten. Ähnlich verhält es sich, wenn sich ein Kind von sich aus an eine Erzieherin wendet. Cooperman stellte fest, daß „eine Unterhaltung eher stattfindet und zu einem größeren Austausch von Äußerungen führt, wenn sie vom Kind initiiert wird und daß ein Kind so gut wie nie auf den Befehl eines Erwachsenen verbal antwortet, bis auf nein ..." (C. Cazden, 1972).

Vertrautheit mit den Gesprächspartnern und der Situation spielen eine große Rolle, die Kinder zu sprachlichen Äußerungen zu ermuntern und zu fördern. Geringschätzung und Kälte sind nicht dazu angetan, eine entsprechende Beziehung herzustellen.

Auch bei *Laisser-faire-Verhalten,* häufig als antiautoritär mißverstanden, fehlt die Zuwendung. Die Kinder erfahren zwar keine Lenkung (wie beim autoritären Stil), d. h., sie können weitgehend tun und lassen was sie wollen, erhalten jedoch auch keine Anregung.

Überbehütendes Erziehungsverhalten dagegen überschüttet das Kind mit Zuneigung. Die Mutter oder Erzieherin ist ängstlich um das Wohl des Kindes besorgt, auch lenken und kontrollieren sie sein Verhalten sehr stark. Hier bleibt dem Kind wenig Raum für Eigeninitiative und Selbständigkeit. Die eigenen Entwicklungsmöglichkeiten werden stark begrenzt.

Das Verhalten der meisten Erzieher ist selten eindeutig ausgeprägt, es liegt zwischen diesen Erziehungstypen.

Wenden wir uns nun dem *demokratischen* Erziehungsstil zu. In dem abgebildeten Modell wird er gekennzeichnet durch wenig Lenkung, d. h. Lenkung in Form von

Anregungen, durch Bereitstellung von Material, durch
sachlich nachprüfbare und begründete Aussagen einerseits und durch hohe Wertschätzung andererseits.

In Untersuchungen (von Diana Baumrind, 1977)
konnte nachgewiesen werden, daß Kinder mit jeweils ho-
hen Werten hinsichtlich Selbstvertrauen, sozialer Verant-
wortlichkeit, Selbständigkeit, Vitalität und Leistungswil-
len Eltern hatten, die die eigenen Entscheidungen der
Kinder respektierten, aber auch ihre Position klar vertra-
ten. Sie pflegten eine klare Kommunikation: Sie gaben logische Erklärungen, befragten die Kinder nach ihrer
Meinung und ihren Empfindungen, erteilten Anweisungen klar, deutlich und begründet. Sie stellten altersge-
mäße Erwartungen an die Kinder und gingen sehr
warmherzig und fürsorglich auf die Kinder ein, belohnten
sie mit Zuwendung und gaben ihnen ein gutes Vorbild. In
den zahlreichen Untersuchungen zum elterlichen Erziehungsverhalten ähneln sich die Beschreibungen des demokratischen Verhaltens alle mehr oder weniger. Vor allem
wird dem Kind sehr viel mehr Mitspracherecht einge-
räumt als in einer autoritären Beziehung. Die Kinder erfahren Zustimmung und Zuwendung für ihre Neugier,
für selbständiges Handeln, Beteiligung an Diskussionen
und Entscheidungen. Daß sich dieses Klima günstig auf
die Entwicklung der sozialen, geistigen und gefühlsbezogenen Fähigkeiten des Kindes auswirkt, ist verständlich
und nachgewiesen. Da dieser Erziehungsstil die Chance
zu einem echten Dialog enthält, haben wir ihn als pädagogische Voraussetzung für unsere praktischen Vorschläge
und Anregungen gewählt.

3   Spiele

Unserer Meinung nach wurde die Bedeutung des Spiels – die Hauptaktivität und Hauptverständigungsform aller Kinder – durch die Ziele und Ansprüche der Vorschulerziehung in der Vergangenheit zu sehr in den Hintergrund gedrängt. Zwar taucht öfter der Begriff „Lernspiele" auf, jedoch wird Spiel hier meist zu bestimmten Zwecken verwendet, Inhalt und Gestaltung sind im voraus festgelegt. Damit geht seine eigene Dynamik unweigerlich verloren, aus der heraus sich sehr viele Lern- und Erfahrungsmöglichkeiten ergeben können. Um nicht den gleichen Fehler zu begehen, haben wir zunächst die neuere wissenschaftliche Forschung zum Kinderspiel aufgearbeitet und sind besonders seiner entwicklungspsychologischen Bedeutung nachgegangen.

Spiel enthält ein für jegliches Lernen wesentlichen Moment: Das Kind handelt aktiv aufgrund seiner Neugier und seinen Interessen. Seine Eigeninitiative und Selbststeuerung ermöglichen ihm das Erleben eigener Wirksamkeit. Jeder Eingriff von „außen" (zum Beispiel Spiele, in denen eine ganz bestimmte Handlung verlangt wird) zerstört die innere Motivation und verwandelt sie ungünstigenfalls in eine äußere: Das Kind „spielt", um den Erwachsenen zu gefallen, abhängig von ihrer Zuwendung oder aus Angst vor Kritik und Strafe.

Bei unseren Spielanregungen hat die Eigeninitiative der Kinder Vorrang! Sie bestimmen den Ablauf selbst, um alte, neue oder unübliche Erfahrungen machen zu können. Es bleibt ihnen genügend Spielraum, um ihre Wünsche, Phantasien, Bedürfnisse und Gefühle ausdrücken und ausleben zu können. Spiel erfordert spezielle Denkprozesse und den Umgang mit der Sprache. Jedes Spiel bietet zahllose Möglichkeiten zur freien Kommunikation der Kinder untereinander. In einer Art „Metakommunikation" wird Spiel zum Gegenstand von Gesprächen. Dabei lernen die Kinder Handeln und Sprechen *in* der Situation und *über* die Situation voneinander zu trennen. Das eigene und das Verhalten der anderen kann besprochen werden, was wichtige soziale Erfahrungen bewußtmacht.

Alle wesentlichen Momente des Spiels: sprachliche, soziale, Eigeninitiative, Interesse, Spaß, Phantasie, Gefühle wurden bei Zusammenstellung der Spielanregungen berücksichtigt. Die Ziele verteilen sich mit unterschiedlichen Schwerpunkten (zum Beispiel Hören und Unterscheiden von Geräuschen und diese benennen; oder „eigene Vorstellungen und Ideen symbolisch ausdrücken" – Einladung zum Phantasieessen) auf die verschiedenen *Spielarten,* nach denen alle Vorschläge eingeteilt sind.

Die verschiedenen Spielarten: Kennenlernspiele, Rate- und Erfahrungsspiele, Phantasiespiele, Symbol- und Rollenspiele, Gestaltungsspiele werden durch einen Vorspann eingeleitet, der nochmals die wichtigsten entwicklungspsychologischen Überlegungen aufzeigt. (B. Daublebski, 1973; C. J. Höper, 1974; A. Flitner 1975 u. 1974; S. Schmidtchen/A. Erb, 1976; H. Goetze/W. Jaede, 1974.

Zu jedem Spiel gibt es einen Kommentar, der auf Besonderheiten hinweist und der Erzieherin ermöglicht, sich mit einem kurzen Blick die vorhergehenden Informationen wieder ins Gedächtnis zu rufen.

Spiele zum Kennenlernen

Wie wir auf eine andere Person reagieren, hängt weitgehend davon ab, wie wir sie „sehen", d. h.,

1. was wir an ihrer äußeren Erscheinung wahrnehmen und
2. was wir daraus schließen hinsichtlich ihrer Eigenschaften, Absichten, Meinungen, Fähigkeiten, Gefühle usw...

Um in einem Gespräch auf den Partner eingehen zu können, brauchen wir Kenntnisse über diesen Menschen und sein Verhalten. Es genügt nicht, nur seine Worte zu hören. Im allgemeinen nehmen wir ganz automatisch noch sehr viel mehr Informationen auf: seinen Gesichtsausdruck, seine Haltung, seine Gesten ... und beziehen dies alles in unsere Antwort mit ein.

Eine andere Person wahrnehmen und verstehen erfordert eine ganze Reihe von Fähigkeiten, die ein Kind im Vorschulalter erst allmählich erwirbt. Diese Denk-, Sprach- und Wahrnehmungsfähigkeiten sind eng miteinander verknüpft. Hier sei nur auf die Rollenübernahme verwiesen, die Fähigkeit, sich in eine andere Person hineinzuversetzen und deren Sichtweise zu übernehmen (s. Rollenspiele). Dem tieferen Verstehen anderer gehen jedoch noch wichtige Entwicklungsschritte voraus, auf die sich unsere Spiele hier beziehen.

Die früheste Unterscheidung zwischen Personen, die ein Kind treffen kann, ist die zwischen vertrauten und nichtvertrauten; als nächstes lernt es, seine Bezugspersonen zu unterscheiden und zu benennen. Mit 3 bis 4 Jahren erkennt das Kind die Personen seiner Umwelt bereits an bestimmten Merkmalen ihrer äußeren Erscheinung: am Geschlecht, Alter, Körpergröße, Kleidung. Die Merkmale werden immer feiner und genauer, wie bei den Gegenständen. Während vierjährige Kinder zum Beispiel nach der Körpergröße gehen, können fünfjährige bereits Altersdifferenzen nach Gesichtszügen feststellen. Das

Geschlecht beurteilen 3- bis 4jährige nach Kleidung und Haare, 5- bis 6jährige dagegen schon nach primären Geschlechtsmerkmalen.

Im Vorschulalter verfeinern sich die anschaulichen Merkmale, nach denen die Kinder Personen unterscheiden können also ständig. Die Entwicklung der Sprache und des Denkens ermöglicht ihnen auch nach Verhalten zu unterscheiden. Sie haben eine Vorstellung vom Verhalten anderer Personen. Dieser Aspekt wird besonders in unseren Rollenspielen angesprochen.

In den folgenden Spielen geht es um die Personwahrnehmung (s. auch Ratespiele …) und das gegenseitige Kennenlernen. Man stellte fest, je eingehender Kinder ihre Spielkameraden beobachten konnten, gemessen an der Beschreibung, die sie gaben, desto beliebter waren sie und desto besser verstanden sie sich untereinander. In diesem Sinne haben wir auch die Spiele zum Kennenlernen ausgewählt.

 **1. Wer bist du?**

Ziel: Kontaktaufnahme, Namen kennenlernen.

Material: Kleiner Ball oder Taschentuch.

1. Spielvorschlag: Die Kinder sitzen im Kreis, ein Kind ruft den eigenen Namen und wirft den Ball dabei dem anderen Kind zu. Dieses Kind nennt dann seinen Namen und wirft den Ball weiter, bis alle Kinder ihre Namen genannt haben oder bis alle mehrmals ihren Namen genannt haben. Das Spiel kann dann mit Nachnamen, Namen der Eltern, Geschwister, Freunde, Wohnort, Straße o. ä. fortgeführt werden.

2. Spielvorschlag: Hat jedes Kind seinen Namen oft genug genannt, wird umgekehrt gespielt: Ein Kind wirft einem anderen Kind den Ball zu und sagt: Du bist die Anne! Diese antwortet mit ja (nein) und wirft den Ball nun einem anderen Kind zu usw. …

3. Spielvorschlag: Die Kinder sitzen im Kreis, ein Kind wird bestimmt. Diesem wird nun immer der Ball zugeworfen und ihm dabei eine Frage gestellt: Wie heißt du? Wo wohnst du? Was magst du? Wie alt bist du? Wen magst du gern? Was ißt du am liebsten? ...

Das Kind beantwortet die Fragen und wirft den Ball wieder einem Kind zu, welches ihn mit einer Frage zurückwirft. – Jedes Kind kommt einmal an die Reihe.

Kommentar: Dieses Spiel fördert das Einander-Kennenlernen aller Kinder und nimmt ihnen allmählich die Hemmung, indem sie durch den Ball den Kontakt zu den anderen Kindern aufnehmen und sich selbst vorstellen können. Die persönlichen Daten, besonders der Name, spielen eine wichtige Rolle für die Identität einer Person. In einer Gruppe mit Kindern, in der sich einige kennen und einige nicht, ist es wichtig, daß alle mit ins Spiel einbezogen werden.

 **2. Wer bin ich? Wie sehe ich aus?**

Ziel: Personwahrnehmung, Personbeschreibung.

Material: 1 Handspiegel oder Wandspiegel.

1. Spielvorschlag: Die Kinder sitzen im Kreis und schauen nacheinander in den Spiegel. Sie beschreiben sich und betrachten die anderen Kinder. Dabei können sie Ähnlichkeiten und Unterschiede feststellen, zum Beispiel: Ich habe braune Augen wie die Monika, meine Haare sind blond und kurz. Utes Haare sind auch blond, aber lang ...

2. Spielvorschlag: Ein Kind beispielsweise mit blauen Augen wünscht sich etwas von allen Blauäugigen: Alle Kinder mit blauen Augen hüpfen auf einem Bein ... Alle Kinder mit Brille ... Alle Kinder mit braunen Haaren ... Jeder darf sich von den Kindern mit einem bestimmten Merkmal etwas wünschen, das alle machen müssen.

Kommentar: In diesem Spiel geht es um das gegenseitige Kennen- und Beschreibenlernen und darum, Fragen bezüglich der eigenen Person und Umwelt zu beantworten. Die Beschreibung wird bei jüngeren Kindern zunächst einfach sein, bei älteren Kindern dann genauer werden.

Es geht darum, Ähnlichkeiten und Unterschiede zu suchen und darauf einzugehen. Indem die Kinder den anderen etwas über sich selbst mitteilen bzw. ähnliche Merkmale bei anderen feststellen, lernen sie auch ihr eigenes Aussehen zu akzeptieren. Wichtig ist dabei, daß die Beschreibungen positiv klingen und nicht abwertend, um dem Entstehen von Vorurteilen entgegenzuwirken und den betroffenen Kindern unangenehme Erlebnisse zu ersparen (zum Beispiel Brillenträgern, Rothaarigen, Behinderten).

Wird ein Kind von den anderen negativ beschrieben, so wird es besonders wichtig, daß die Erzieherin darauf hinweist, daß diese Beschreibung das andere Kind kränken könnte und sie entweder positiv umformuliert oder ablehnt; zum Beispiel: Moni: „Der lacht immer so blöd!" Erzieherin: „Mir gefällt, wie er lacht! Das Wort blöd klingt nicht so freundlich..." (Sie lehnt das Wort ab, nicht das Kind, das die Aussage macht).

Indem die Erzieherin deutlich Stellung bezieht, d. h. nicht zuläßt, daß ein Kind gekränkt wird, bietet sie ein wichtiges Modell für den Umgang miteinander. Es geht auch nicht darum, Kindern eine eigene Einschätzung wegzunehmen, sondern darum, sensibel zu werden für unbedachte und kränkende Äußerungen.

 **3. Ein großer Scherenschnitt**

Ziel: Erfahrung der eigenen Größe.

Material: Festes Papier (große Bogen), Schere, Malstifte, Spiegel.

Spielvorschlag: Jedes Kind legt sich auf einen Bogen Papier, läßt sich nachmalen und schneidet seinen eigenen Umriß aus. Mit Hilfe eines Spiegels malen dann alle ihr Gesicht in den Kopfteil der ausgeschnittenen Figur. Die Umrisse, d. h. der Körper, wird dann mit eigenen Ideen und Vorstellungen ausgestaltet. Vielleicht malen alle Kinder ihr Lieblingsspielzeug oder -tier hinein, oder das, was sie mögen, was sie sich wünschen, was sie sein möchten o. ä.. Dann werden alle Umrisse aufgehängt und die anderen Kinder raten, welche Kinder dargestellt sind und was ihr „Körper" bedeuten könnte. – Auch können die Hände und Füße dazu abgedruckt werden.

Kommentar: Durch den Umgang mit dem eigenen Umriß und das Malen des Gesichtes können die Kinder sich selbst besser kennen- und akzeptieren lernen. Die Erzieherin achtet darauf, daß möglichst positive Merkmale hervorgehoben werden, denn eine positive Identifikation ist wichtig für die weitere Entwicklung.

Indem die Kinder Unterschiede wahrnehmen, ihre Ideen, Wünsche und Vorstellungen darstellen und darüber sprechen, sie erklären und begründen, setzen sie sich nicht nur mit sich selbst auseinander, sondern durch Zuhören auch mit den anderen Kindern.

 **4. Wer ist das wohl?**

Ziel: Personwahrnehmung, Personbeschreibung.

Material: Fotos von jedem Kind, ein Spiegel.

Spielvorschlag: Die Kinder bringen mehrere Fotos von sich aus früheren Jahren mit. Zuerst zeigt und erklärt jedes Kind den anderen seine Fotos. Sie erzählen, wie alt sie auf dem Bild sind, wer es fotografiert hat, wo es aufgenommen wurde usw. Dabei kann jedes Kind in den Spiegel schauen und mit den anderen zusammen herausfinden, was sich in der Zwischenzeit verändert hat: Größe, Figur, Frisur, Kleidung usw.

Danach werden alle Fotos gemischt und verdeckt in die Mitte des Tisches gelegt. Ein Kind nach dem anderen deckt ein Bild auf und muß das dazugehörige Kind aus der Gruppe erraten. Gelingt dies nicht, helfen die anderen Kinder oder die Erzieherin.

Kommentar: Bei diesem Spiel ist es besonders wichtig, daß von jedem Kind mindestens ein Bild dabei ist, denn die Freude am Spiel entsteht durch die eigenen Bilder und die Möglichkeit, daß jedes Kind einmal im Mittelpunkt stehen kann.

Durch die Fotos werden die Kinder angeregt, etwas über sich selbst zu erzählen, sich zu erinnern, Veränderungen festzustellen und Vergleiche zu ziehen (blonde Haare wie jetzt ... oder hellere ...), Ähnlichkeiten und typische, evtl. unveränderbare Merkmale herauszufinden (Mund, Augen). Die Bilder fordern die Kinder heraus, sich bewußt mit dem Älterwerden auseinanderzusetzen, indem sie die Unterschiede zwischen der „Fotozeit" und jetzt herausfinden: äußere Erscheinung, Spielzeug, Interessen, Fähigkeiten usw.

Rate- und Erforschungsspiele

Die Spiele fördern:

1. die sinnliche Wahrnehmung,
2. den Begriffs- und Bedeutungserwerb

Die kindliche Wahrnehmung entwickelt sich bei der Erforschung seiner Umwelt. Dies geschieht zunächst durch ungerichtete Blicke und Bewegungen; gesteuert durch Neugier, erobert das Kleinkind seine Umwelt mit den fünf Sinnen. Später wird diese Wahrnehmung zunehmend kontrollierter und richtet sich mit systematischer Aufmerksamkeit auf das, was eine persönliche Bedeutung für das Kind in seiner Umgebung hat. So lernt es in der aktiven Auseinandersetzung mit dieser die verschiedenen Eigenschaften der einzelnen Objekte kennen und macht Erfahrungen hinsichtlich ihrer Ähnlichkeiten und Unterschiede. Im Spiel mit einem bestimmten Objekt entdeckt es außerdem viele Gebrauchsmöglichkeiten und kann sein Handlungsrepertoire ständig erweitern.

Da es eine endlose Zahl von Möglichkeiten gibt, jedes Ding zu beschreiben und zu unterscheiden, muß es einige Merkmale aus seiner konkreten Erfahrung kombinieren, um seine Erfahrungen einzuteilen, zu verarbeiten und zu speichern. Es erwirbt einen abstrakten Begriff, um seine Eindrücke zu ordnen (H. Grimm / M. Wintermantel, 1975; J. Engelkamp, 1974) Diese Begriffsbildung geht der Entwicklung der Sprache voraus. Sehr bald jedoch lernt es, daß alle Dinge einen Namen haben, daß zu jedem Begriff bestimmte Worte, Bezeichnungen gehören. Dies versteht man als den Prozeß des Bedeutungserwerbs, der natürlich einhergeht mit einer Vergrößerung des Wortschatzes.

Die Bedeutung der verschiedenen Worte ändert sich mit der Erfahrung, die ein Kind in der Auseinandersetzung mit seiner Umwelt macht. Um das dritte Jahr etwa beginnen die Wörter mehr und mehr an die Stelle von Dingen zu treten, d. h., das Kind kann mit Hilfe der Begriffe über Dinge sprechen, die gar nicht anwesend sind, und kann umgekehrt sich Dinge ins Gedächtnis rufen, ohne daß deren Gegenwart notwendig ist.

Wir sprachen bereits davon, daß jedes Ding (auch Personen und Situationen) durch eine endlose Zahl von Eigenschaften (Merkmalen) beschrieben werden kann. Auch hier findet ein Entwicklungsprozeß im Vorschulalter statt, bei dem das Kind immer mehr Merkmale kennenlernt und lernt, daß ein bestimmtes Objekt, zum Beispiel nicht durch ein wesentliches Merkmal, sondern durch die Kombination ganz verschiedener immer genauer charakterisiert werden kann. Eine Tasse beispielsweise hat nicht nur die Eigenschaft, daß man aus ihr trinken kann wie aus einem Glas, sondern sie unterscheidet sich von diesem durch ihre Form (Henkel), Beschaffenheit (Porzellan) und Farbe.

Das Kind lernt auch, Begriffe zu Oberbegriffen zusammenzufassen (klassifizieren) hinsichtlich der Merkmale, die auf jedes Objekt möglichst sicher zutreffen (Apfel, Birne, Banane als Obst).

Um sich mit anderen Personen verständigen zu können, ist wichtig, verstehbare Begriffe zu verwenden. Das gesprochene abstrakte Wort ruft wiederum eine Vorstellung beim Hörer hervor, was gemeint ist. Je wahrnehmungsnäher die Wortbedeutung ist, desto eher können beide, Sprecher und Hörer, zu einer Übereinstimmung kommen, über das gleiche zu reden. Die aus der Wahrnehmung abstrahierte (übersetzte) Information wird wieder auf die konkrete Situation zurückübersetzt.

Da die Begriffe und Bedeutungen in Abhängigkeit von der Lernumwelt und Lerngeschichte der Kinder entstehen, kann man sich auch vorstellen, daß dieser Prozeß angeregt und bereichert oder eingeschränkt werden kann und daß ganz verschiedene Umwelten zu Verständigungsschwierigkeiten führen können. Bei einem Begriff wie Ferien zum Beispiel stellt sich ein Kind, das jedes Jahr verreist, sicherlich etwas anderes vor, als ein Kind, das die freie Zeit immer in der gleichen Umgebung verbringt.

Nun zu unseren *Spielen:* Da zu Beginn der Überlegungen von der Bedeutung der sinnlichen Wahrnehmung die Rede war, sind die Spiele so angelegt, daß keine Einschränkung dieser Fähigkeiten etwa nur auf visuelle erfolgen soll, sondern die ganze Palette der Wahrnehmungsfähigkeiten wie Riechen, Schmecken, Hören, Sehen, Fühlen sollen beibehalten, gefördert und verfeinert (differenziert) werden. Untersuchungen haben gezeigt, daß dies für die Kinder notwendig ist, um ihre Erfahrungen auf andere Situationen übertragen zu können.

Ohne Förderung der einzelnen Sinnesfunktionen kann sich auch keine Sensibilität für soziale Zusammenhänge entwickeln. So fand zum Beispiel eine andere Untersuchung heraus, daß Kinder, die ihre Spielkameraden intensiver und genauer wahrnehmen, auch positivere Beziehungen zu ihnen hatten.

Alle Spiele fördern die Wahrnehmung von Detailaspekten (Entwicklung eines analytischen Wahrnehmungsstils). Diese Detailaspekte entsprechen den Merkmalen, von denen oben die Rede war. Diese zu erfassen, benennen und beschreiben zu lernen, fördert die Begriffs- und Bedeutungsentwicklung der Kinder.

Durch eine Vielfalt von Eindrücken können die Kinder ihre Erfahrungen bereichern, und da ihre eigene Umwelt im Mittelpunkt steht, lernen sie diese kennen. Sie lernen auch, daß andere Kinder andere Erfahrungen machen, andere Aspekte bei dem gleichen Gegenstand wahrnehmen oder ihre Umwelt anders aussieht. Indem sie diese Unterschiede kennenlernen, werden sie auch die anderen Kinder (deren Begriffe und Bedeutungen) verstehen können, wenn diese von ihren eigenen etwas abweichen.

Schließlich soll noch erwähnt werden, daß bei diesen Prozessen sich der Wortschatz der Kinder ständig erweitert. Manche Aspekte der Erfahrung werden durch Hauptwörter (Substantive), andere durch Adjektive oder Verben dargestellt. Bis dahin lernt das Kind auch in Sätzen zu sprechen (Erwerb der Syntax, Grammatik) und ist somit in der Lage, seine Umwelt immer genauer durch

Fragen zu erforschen, zu beschreiben, zu erzählen und zu planen.

Die nachfolgenden Spiele geben den Kindern Gelegenheit zu aktiven Erforschungen ihrer dinglichen und personalen Umwelt und ihre Erfahrungen dabei mit den anderen Kindern zu teilen, d. h. sich sprachlich darüber zu verständigen.

 **5. Der Wundersack**

Ziel: Unterscheiden von Gegenständen durch Tasten und Fühlen; die Empfindung beschreiben, den Gegenstand raten und benennen; erklären und begründen, worauf sich das Urteil stützt.

Material: 1 Stoffsack, evtl. ein Kissenbezug, verschiedene Gegenstände und Spielsachen.

Spielvorschlag: In einen Stoffsack werden verschiedenartige Spielsachen oder bekannte Gebrauchsgegenstände gesteckt. Die Anzahl der Gegenstände sollte mindestens der Anzahl der Kinder entsprechen.

Die Kinder versuchen nun nacheinander, einen der Gegenstände zu „erfühlen", d. h. ihn dabei zu beschreiben und ihre Vermutung zu begründen. Zum Beispiel: „Dies ist ein Teddy, weil ich ein Bein fühle und er so zart ist ..."

Wurde der Gegenstand richtig geraten, kann das Kind ihn aus dem Sack nehmen, und das nächste Kind ist an der Reihe.

1. Variation: Statt verschiedenartiger Gegenstände können ganz ähnliche in den Sack gesteckt werden, zum Beispiel runde Sachen: Apfel, Ball, Ei, Kugel oder nur Obst, oder längliche Sachen wie Löffel, Bleistifte ...

2. Variation: Es sind immer zwei gleiche Gegenstände im Sack, und das Kind muß durch Tasten das Paar finden.

3. Variation: Das Kind muß durch Tasten einen bestimmten Gegenstand herausfinden, den andere ihm genannt haben.

4. Variation: Einem Kind werden die Augen verbunden, und ein anderes Kind drückt ihm etwas in die Hand, das es nun erraten soll und beschreiben, was es ist.

Kommentar: Das Tasten, das Erkennen mit den Händen, fordert von den Kindern das Differenzieren von verschiedenen Merkmalen, das Unterscheiden relativ unwichtiger von sehr wichtigen Eigenschaften. Dabei lernen sie die Aufmerksamkeit auf die wesentlichen Merkmale eines Gegenstandes zu richten, diese mit bekannten Tatsachen und Erfahrungen in Verbindung zu bringen, um den Gegenstand zu erraten.

Bei diesem Spiel ist es wichtig, daß die Kinder „laut" denken, d. h., sie erzählen, was sie mit den Händen fühlen, um die anderen Kinder an ihrem Weg des Erkennens teilnehmen zu lassen. Das Differenzieren, Erkennen und Benennen von Eigenschaften beeinflußt nicht nur das Anwachsen des Wortschatzes, sondern formt auch wesentlich die sinnhafte inhaltliche Bedeutung bekannter Worte und Begriffe.

 **6. Schmeckt's?**

Ziel: Unterscheidung der verschiedenen Geschmacksrichtungen; beschreiben und begründen der Empfindung.

Material: Gläser, Etiketten, Buntstifte, Wasser, Salz, Tee, Limonade, Senf, Kaffee, Kakao, Zitrone u. a.

Spielvorschlag: Es werden mehrere Gläser mit folgenden Flüssigkeiten vorbereitet: Reines Wasser, Zuckerwasser, Salzwasser, Zitronenwasser, einmal mit und einmal ohne Zucker, Kakaowasser, Tee (Pfefferminz, Hagebutten)

Die Gläser können von den Kindern mit selbstgemachten Etiketten beklebt werden, die den Inhalt symbolisch festlegen: zum Beispiel Bonbon – Zuckerwasser; Salzstreuer – Salzwasser; brauner Kreis – Kakao. Die Gläser stehen alle auf einer Bank, so daß die Kinder die Etiketten vor Augen haben. Ein Kind läßt sich die Augen verbinden, probiert von den verschiedenen Flüssigkeiten und versucht, den Geschmack zu erraten. Die anderen Kinder kontrollieren anhand der Etiketten, ob richtig geraten wurde. Zur Neutralisierung gibt man zwischendurch reines Wasser. Jeder darf probieren und raten.

Kommentar: Jedes Kind hat schon angenehme und unangenehme Erfahrungen mit der sinnlichen Wahrnehmung der Zunge, d. h. dem Schmecken gemacht. In diesem Spiel wird den Kindern die Möglichkeit des bewußten Umgehens mit diesen bekannten Empfindungen gegeben: Sie lernen, die bekannten

Inhalte symbolisch darzustellen und in Worte zu fassen, wenn sie beim Probieren der Flüssigkeiten die qualitativen Unterschiede der verschiedenen Geschmacksrichtungen beschreiben.

Bei der Bewertung wird sich herausstellen, daß diese bei verschiedenen Kindern sehr unterschiedlich sein kann: Ein Kind mag den Geschmack von Zitronen, das andere nicht; die Bedeutungen variieren. Die verbundenen Augen fördern die Spannung, Neugier und Freude am Raten. Die Kinder üben Begründungen, stellen Vergleiche an und bilden Gegensätze. Die Erzieherin kann die Kinder dazu durch kleine Fragen anregen: Warum magst du das nicht? Welche Dinge schmecken ähnlich? Wo hast du so etwas schon mal gegessen! Was schmeckt besser? usw. ...

An dieses Spiel kann sich ein wichtiges Gespräch anschließen über die Gefahr, alles auszuprobieren und sich zu vergiften.

 **7. Im Dunkeln tappen**

Ziel: Orientieren, ohne zu sehen (nach der Vorstellung).

Material: Tuch zum Verbinden der Augen.

1. Spielvorschlag: Alle Kinder gehen umher. Ein Kind läßt sich die Augen verbinden und soll nun versuchen, einen Spielkameraden zu ertasten und zu erfühlen. Hat es ihn richtig erraten, kommt dieses Kind an die Reihe. Das Tasten und Fühlen sollte einhergehen mit einer Beschreibung, zum Beispiel: „Jetzt fühle ich die Hosenträger, dies ist ein Zopf ..., das könnte Christina sein."

2. Spielvorschlag: Ein Kind oder mehrere verbinden sich die Augen gegenseitig und laufen durch den Raum. Sie bekommen von den anderen Kindern einen Auftrag. Zum Beispiel sollen sich alle in der Bauecke treffen, eine Puppe oder Legosteine in den Kreis zu bringen. Durch Tasten und Fühlen können die „blinden" Kinder nun feststellen, wo sie sind, wie sie die Aufträge ausführen und wie schwer es ist, sich ohne zu sehen zurechtzufinden. Die „sehenden" Kinder geben mündliche Ratschläge oder Anweisungen.

3. Spielvorschlag: Ein Kind führt ein anderes mit verbundenen Augen umher. Es erklärt ihm, wo sie sich gerade befinden, im Zimmer, Flur oder auch im Hof und beschreibt ihm die Umgebung. Durch diese Hilfe wird einerseits die Unsicherheit des Nichtsehens gemildert und andererseits das Beschreiben der Umgebung und sich Einfühlen in andere gefördert.

Wenn Kinder zu sehr Angst haben, sich die Augen verbinden zu lassen, können sie auch „Seeräuber" spielen, d. h. nur ein Auge verbinden, so daß sie noch ein wenig sehen können.

Kommentar: In diesem Spiel geht es um die wesentliche Funktion des Sehens. Die Kinder erkennen die Bedeutung ihrer Augen und lernen, sich durch andere Formen sinnlicher Wahrnehmung zu orientieren. Indem sie über nicht sichtbare Dinge sprechen, sie möglichst detailliert beschreiben und den anderen Kindern mitteilen, lernen sie, wie wichtig Selbstverständliches und Kleinigkeiten zum Erkennen der Freunde und zur Orientierung in einer bekannten Umgebung sind. Dabei müssen die Kinder aus ihrer Vorstellung heraus Personen und Gegenstände wiedererkennen, verallgemeinern und mit ihren momentanen Eindrücken und Empfindungen in Beziehung bringen, vergleichen und spezifische Merkmale herausfinden. Die Erzieherin kann die Kinder vorsichtig anregen, ihre Eindrücke genauer zu beschreiben und sie mit anderen zu teilen.

Manchmal ergibt sich nach diesem Spiel auch ein Gespräch über Sehbehinderung, wobei vor allem Kinder mit Brillen über ihre Erfahrungen berichten können. Dann kann dieses Spiel bei anderen Kindern auch etwas zum Verständnis ihrer Probleme beitragen.

 **8. Hörst du was?**

Ziel: Unterscheiden von Geräuschen; diese benennen.

Material: Gegenstände, mit denen typische Geräusche gemacht werden können, zum Beispiel Instrumente, Papier usw. ...

1. Spielvorschlag: Alle Kinder sitzen zusammmen, und ein Kind steht hinter einem Vorhang und macht ein Geräusch mit einem der vorliegenden Gegenstände, zuerst leise, dann immer lauter. Die Kinder versuchen, das Geräusch zu erraten. Haben sie es erkannt, dann dürfen sie hinter den Vorhang und selbst ein Geräusch machen.

2. Spielvorschlag (Material: Tonband, Recorder): Geräusche wie Autohupen, Uhr, Türe schlagen, Unterhaltung, Regen,

Laubrascheln usw. ... werden auf Tonband aufgenommen und den Kindern zum Raten vorgespielt. Die Kinder können auch selbst Dinge aufnehmen und die anderen dann raten lassen.

3. Spielvorschlag: Ein Kind sitzt mit verbundenen Augen in der Mitte des Kreises. Ein anderes wird ausgewählt, schleicht sich an und flüstert ihm etwas ins Ohr. Dieses muß nun raten, wer das war. – Es können auch zwei Kinder zum Raten bestimmt werden, die dann kurz untereinander beraten können, wer das wohl war.

4. Spielvorschlag: *Stille Post* – Die Kinder sitzen im Kreis, und eines denkt sich ein Wort aus und flüstert es seinem Nachbar ins Ohr, dieser seinem nächsten Nachbar, bis das Wort wieder angekommen ist – wahrscheinlich total verändert! Das kann man auch mit Geräuschen oder Sätzen spielen.

Kommentar: Das Erkennen und Unterscheiden von Geräuschen ist besonders wichtig, da die Kinder mit vielen Lauten und Geräuschen konfrontiert und überschüttet werden. Situationen wie zum Beispiel die Orientierung im Straßenverkehr erfordern von ihnen die Fähigkeit, Geräusche zu unterscheiden bzw. möglichst schnell zu erkennen.

Beim Erraten der vielfältigen Geräusche mit ihren unterschiedlichen Bedeutungen (Ruhe, Natur, Gefahr, laut, leise usw.) können die Kinder diese gleichzeitig in Verbindung bringen mit ihnen bekannten Situationen und Vorgängen aus ihrer täglichen Umwelt. Durch den Spaß, Geräusche (evtl. Lärm) zu machen, und die Spannung, etwas zu erkennen, werden diese Spiele ganz gerne gespielt. Wenn die Kinder Schwierigkeiten beim Begründen ihres Eindrucks haben, kann die Erzieherin sie durch Fragen unterstützen, zum Beispiel: „Warum glaubst du, daß das ein Auto ist und kein Motorrad ...?"

 **9. Wer fehlt?**

Ziel: Beobachten, erinnern und beschreiben von Merkmalen einer Person.

Spielvorschlag: Alle Kinder sitzen zusammen, ein Kind geht kurz vor die Tür, ein anderes Kind wird ausgewählt und versteckt sich gut. Nun wird das Kind hereingerufen und die anderen fragen: „Wer fehlt?" Sie beschreiben das Kind: Es hat rote

Strümpfe an, zum Frühstück eine Banane gegessen ... Das ratende Kind kann auch nachfragen, ob er/sie eine Brille trägt ...,
bis die versteckte Person erraten wurde.

Variation: Ein Kind geht vor die Tür, und die anderen Kinder beschreiben es (seine Kleidung, Haarfarbe, Größe, Interessen ...).
Die Erzieherin notiert alles auf einen Zettel. Dann wird das Kind
wieder hereingerufen, und die Erzieherin liest ihn vor. Die Kinder können nun vergleichen, ob es stimmt, oder das Kind sagt,
ob es zutrifft (bei Interessen usw. ...).

Kommentar: Wenn es bei diesem Spiel auch hauptsächlich um
das Wahrnehmen, Beobachten und Beschreiben von charakteristischen Merkmalen eines Spielkameraden geht, werden
diese von den Kindern doch sehr verschieden betont. Dadurch
wird das eigene Verhältnis der Kinder zur versteckten Person
sichtbar. Besonders die Vertrautheit zu diesem Kind fließt in die
Beschreibung mit ein und geben der Erzieherin und den Kindern die Möglichkeit, sich bewußt mit der Erscheinung, dem
Verhalten und der Rolle dieses Kindes in der Gruppe auseinanderzusetzen. Gibt es Hinweise auf ein Problem, das alle betrifft
und gemeinsam gelöst und verständlich gemacht werden kann
(Warum schlägt Peter immer gleich? Warum hat H. eine Brille
auf?) Hier kommt es auch auf eine akzeptierende Atmosphäre
an, wo über diese Dinge gesprochen werden kann, ohne ein
endgültiges Urteil über das Kind zu fällen, sondern eher, um
seine Situation verstehen zu können und ihm gegebenenfalls
die Chance zu einer Änderung zu geben.

Wichtig ist auch, daß die Erzieherin sich gegen zu negative
Beschreibungen einsetzt. Sie kann sich schützend auf die Seite
eines angegriffenen Kindes stellen:
Edith: „Der hat gestern geheult" (in verächtlichem Ton).
Erzieherin: „Es ist ganz in Ordnung, zu weinen, wenn man sich
danach fühlt!"
Oder ein anderes Beispiel:
Arno: „Der stinkt!"
Erzieherin: „Ja, der O. riecht manchmal nicht gut, das stört
manche Kinder.
Das wollen wir ihm aber jetzt nicht vorwerfen!" (Dieses Problem
läßt sich mit der Mutter oder dem Kind ganz persönlich besser
besprechen.)
Eine Untersuchung hat die Bedeutung der Wahrnehmung anderer Personen nachgewiesen. Kinder, die ihre Spielkameraden

genauer und eingehender beobachten und präziser beschreiben konnten, hatten positivere Kontakte und waren beliebter.

 **10. Ich sehe was, was du nicht siehst**

Ziel: Wahrnehmen und genaues Beschreiben eines Gegenstandes; Begriffsbildung.

1. Spielvorschlag: Die Erzieherin sitzt mit den Kindern zusammen und beginnt, einen im Raum vorhandenen Gegenstand zu beschreiben: Ich sehe was, was ihr nicht seht, es ist rot ...!
Die Kinder suchen rote Dinge und raten ... Sie beschreibt weiter: und rund ... und aus Papier ...
Jedes Kind darf sich mal etwas ausdenken, auch die, die nicht so schnell richtig geraten haben. Am Anfang kann die Erzieherin Hilfestellung geben. Das Kind flüstert ihr ins Ohr, was es meint, und sie hilft ihm ein wenig ...

2. Spielvorschlag: Ein Kind oder zwei denken sich einen Gegenstand aus dem Raum. Die anderen Kinder versuchen, ihn durch Fragen zu erraten: „Wie sieht er aus? Groß? Klein? Rund? Ist er rot? Zum Essen? Kann man damit spielen? ..." Die Antworten dürfen nur Ja oder Nein lauten. Das Spiel geht so lange, bis die Kinder genug Eigenschaften zusammenhaben und wissen, was gemeint ist.

3. Spielvorschlag: Alle zusammen versuchen einen bestimmten Gegenstand möglichst genau zu beschreiben und möglichst viele Merkmale zu finden, zum Beispiel: Lampe – rund, gelb, aus Papier, brennt, hell usw. ... Auch originelle Antworten werden akzeptiert.

Kommentar: In diesem altbekannten Spiel lernen die Kinder, daß ein Gegenstand durch viele einzelne Merkmale charakterisiert ist. Es wird auch deutlich, wie gut und genau die Kinder ihre Umgebung, d. h. die sie umgebenden Dinge wahrnehmen, und wie viele und welche Aspekte sie berücksichtigen und welche sie übersehen. Sie können dabei erfahren, daß für andere Kinder ganz andere Merkmale des gleichen Gegenstandes von Bedeutung sind. So lernen sie die verschiedenen Eigenschaften von Dingen erkennen und einem Begriff zuzuordnen, den sie sich beim Raten vorstellen können. – Am Anfang ist bei jüngeren Kindern vielleicht noch Hilfestellung durch lenkende Fragen oder Hinweise notwendig.

 **11. Was fehlt?**

Ziel: Beobachten, erinnern an Eigenschaften und den Standort von Dingen – mit Hilfe von fragen und raten.

1. Spielvorschlag: Auf einem Tisch liegen viele kleine Gegenstände und Spielsachen. Alle Kinder halten sich einen Augenblick die Augen zu, und ein Kind nimmt schnell etwas weg. Jetzt dürfen die anderen schauen und raten, was fehlt.

2. Spielvorschlag: Ein Kind verläßt das Zimmer, und die anderen verstecken einen Gegenstand. Dann rufen sie das Kind herein und lassen es suchen. Dabei geben sie ihm Hilfestellung mit „kalt", „warm", wärmer", „heiß". „Heiß" ist dann der Ort, wo der Gegenstand versteckt ist.

3. Spielvorschlag: Die Erzieherin oder/und ein bis zwei Kinder verstecken einen Gegenstand zum Beispiel auf/ unter/ in einem Schrank o. ä. Der Rest der Gruppe erfährt nun, daß etwas versteckt worden ist. Durch Fragen (ist es groß, weich, klein, farbig ...) versuchen die Kinder, erst herauszufinden, *welcher* Gegenstand versteckt wurde. Danach versuchen sie zu erfragen, *wo* der Gegenstand versteckt ist. Mit kleinen Andeutungen kann die Erzieherin helfen und darauf achten, daß jedes Kind Fragen stellt und an die Reihe kommt. Es ist ganz günstig, wenn zwei Kinder zusammen etwas verstecken und sich dann beim Beantworten der Fragen gegenseitig unterstützen können.

 **12. Was hat sich verändert?**

Ziel: Beobachten, erinnern an Eigenschaften und den Standort von Dingen – mit Hilfe von fragen und raten.

1. Spielvorschlag: Ein oder zwei Kinder verlassen das Zimmer. Die anderen Kinder verändern irgendetwas im Raum, was sonst seinen festen Platz hat: Sie hängen beispielsweise ein Bild um, ziehen eine Gardine zu oder verstellen einige Stühle o. ä.

Die Kinder werden von draußen hereingerufen und sollen nun erfragen, was sich verändert hat. Zum Beispiel wird zuerst der Ort eingegrenzt: Wo? ... in der rechten Ecke, vor dem mittleren Fenster, in der Nähe vom Bauteppich ... – Es kann auch direkt nach dem veränderten Gegenstand gefragt werden: Wie groß ist er, hat er Beine, ist er weich? ...

2. Spielvorschlag: Die Hälfte der Kinder verläßt den Raum und
verändert etwas an sich selbst, an der Kleidung, Frisur ... Wenn
sie wieder hereinkommen, müssen die anderen Kinder nacheinander raten, was sich verändert hat; oder jedes Kind sucht sich
beim Reinkommen einen Partner, und dieser muß raten.

Kommentar: Sind diese Spiele noch zu schwierig, dann sollte
die Erzieherin auf Spiel 5 oder 10 zurückgreifen. Die Fähigkeit,
feste Begriffe von den Gegenständen zu haben, ihre spezielle
Beschaffenheit von anderen unterscheiden zu können, ist bei
diesen Spielen schon teilweise Voraussetzung.
Die Veränderung der gegenständlichen Umgebung regt die
Kinder an, ihre alltägliche Umgebung genauer wahrzunehmen,
sich an Einzelheiten zu erinnern. Sie lernen, sich mittels der
Sprache zu orientieren und mit Ortsangaben, wie rechts, neben
dem Fenster, unter dem Schrank usw. ... umzugehen. Die Möglichkeiten, selbst etwas zu verändern, die Spannung und die
Freude am Entdecken und Forschen nach Veränderungen oder
fehlenden Dingen fördert die Freude der Kinder an diesen
Frage- und Antwortspielen.

 **13. Sammeln**

Ziel: Hören, Sehen, Riechen, Schmecken, Spüren; lernen, daß
Bedeutungen für jeden Menschen verschieden sind.

Spielvorschlag: Dieses Spiel läßt sich besonders gut auf einem
Spaziergang oder auf dem Spielplatz/Hof spielen.
Alle Kinder bekommen zusammen einen Auftrag: Zum Beispiel etwas Schönes oder Interessantes oder Leichtes oder
Weiches oder Schweres ... usw. aus ihrer Umgebung zu bringen. Dann kommen wieder alle zusammen, und die gesammelten Dinge werden vorgestellt, beschrieben und begutachtet. –
Es können auch zwei Kinder zusammen etwas suchen oder
sammeln, beispielsweise jeder mit seinem rechten Nachbarn
oder ein älteres Kind mit einem jüngeren Kind. So kommen alle
miteinander in Kontakt.

Kommentar: Bei diesem Spiel kommt es darauf an, welche Bedeutung ein Begriff wie „schön" für jeden einzelnen hat. Deshalb sollte die Erzieherin besonders darauf achten, daß keine
Abwertungen erfolgen. Es wird auch nicht nach dem Schönsten
gesucht, sondern nach etwas Schönem. Dabei werden die Kin-

der erleben, daß andere Kinder zum Teil andere Maßstäbe haben. Alle können akzeptieren und verstehen lernen, daß ein
Gegenstand nicht einfach durch ein Wort charakterisiert ist, da
die Bedeutung des Wortes subjektiv gefärbt ist. Sie entsteht
durch die eigene Beziehung und Einstellung zu diesem Gegenstand. Durch den Vergleich der gesammelten Dinge und die Begründungen lernen die Kinder die Vielfalt dieser (Wort-)Bedeu-
tungen kennen. Das Suchen und der Wunsch, den eigenen
Fund zu zeigen, regt die Kinder an, ihr Interesse an kleinen Dingen ihrer Umwelt zu pflegen und sie zu beachten.

Weiterhin lernen die Kinder Gegensätze (weich – hart), Eigenschaften und Farben kennen und werden beim gemeinsamen Besprechen aufgefordert, ihre Ansichten zu begründen
(das ist interessant, weil …, obwohl, aber …).

Phantasiespiele

Wie in den Symbol- und Rollenspielen steht auch bei den
folgenden Spielen die Phantasie im Vordergrund. Die
Phantasie hängt nicht nur eng mit der Sprach- und Denkentwicklung zusammen, sondern ist auch sehr wichtig für
die seelische Gesundheit des Kindes. Die meisten Er-
kenntnisse hierüber stammen aus der Kindertherapie. Für
Sigmund Freud zum Beispiel ist Spiel die charakteristische
Phantasiebetätigung, genauso wichtig wie der Traum für
die Erwachsenen. Sie hilft dem Kind, mit Spannungen fertig zu werden. Die enge Beziehung zwischen der sozialen
und seelischen Situation und den kindlichen Erfahrungen
zeigen sich sehr deutlich in den Phantasiesituationen im
Spiel. Hier kann ein Kind Ereignisse und Erlebnisse selbst
in Szene setzen, denen es in der Wirklichkeit oft passiv
und machtlos ausgeliefert ist, und damit auch in seine Ge-
walt bekommen, was ihm vorher gefährlich und bedrohlich erschien. Das Kind kann im Spiel aktiv handeln,
verändern und seinen Gefühlen Ausdruck verleihen und
so die manchmal verletzende Wirklichkeit bewältigen.

Die Phantasie dient sowohl als Rückzug von der Au-
ßenwelt als auch als ein möglicher Zugang zu ihr. Eine

Untersuchung von Singer zeigte, daß Kinder mit Neigung
zu intensivem, phantasievollem Erleben im Spiel größere
Möglichkeiten haben, beeinträchtigende Erfahrungen zu
überwinden; dabei ist es auch möglich, daß mehrere Kinder zusammen spielen und sich in ihren Bedürfnissen ergänzen (S. Schmidtchen/A. Erb, 1976). Diese therapeu-
tische Funktion kann das Spiel nur erfüllen, wenn das
Kind sein Spielthema selbst wählen und den Spielverlauf
bestimmen kann. Außerdem benötigt diese Art der Auseinandersetzung mit der Realität eine Atmosphäre der
Wärme, Geborgenheit und Ermutigung. Nur wenn die
Kinder ihre Ansichten, Gefühle, Wünsche und Ideen frei
ausdrücken und mitteilen können und nur, wenn diese akzeptiert werden, können sie die Gelegenheit zu schöpferi-
schem Denken und Handeln wahrnehmen. Kritisierende
oder negative Beurteilungen der Umwelt wirken sich beeinträchtigend auf die Kinder aus. Werden abweichende,
originelle Ideen nur nach dem Kriterium der Sachlichkeit,
Nützlichkeit usw. bewertet, dann sind diese Fähigkeiten
zum Verkümmern verurteilt, und bereits in frühen Jahren
wird ein Vermögen an Ausdrucksfähigkeit, Aktivität und
Initiative weggenommen. Ein Mangel, den viele Erwachsene heute beklagen. Kinder übernehmen Urteile ihrer
Umwelt sehr schnell: Es wird gelacht, wenn jemand „Un-
mögliches" äußert oder tut. Die Phantasie wird als unlo-
gisch und damit auch als wenig wertvoll abgetan. Ein
Klima von Anpassung und Resignation gedeiht. So zieht
sich die Phantasie als Voraussetzung zu produktivem
Denken und verändernden Ideen vor einer eingeschränk-
ten Vorstellungs- und Erfahrungswelt zurück.

Unsere Spiele (auch die Symbol- und Rollenspiele) ha-
ben das Ziel, phantasievolles Spielen anzuregen. Dabei
spielen nicht nur die bisher aufgeführten Gründe eine
Rolle. Wichtig ist auch der sprachlich-kommunikative
Aspekt, der den Phantasiespielen innewohnt. Dies konnte
Freyberg in einem Experiment nachweisen. Er ließ eine
Gruppe von Kindern mit Puppen aus Pfeifenreinigern
Szenen verschiedenen Inhalts spielen, währenddessen sich

eine andere Gruppe mit Zusammensetzspielen beschäftigte; dabei herrschte jeweils eine Atmosphäre von Wärme und Ermutigung. Er fand, daß die Gruppe mit dem Symbolspiel mit mehr Phantasie und Konzentration spielte als die andere. Diese Kinder drückten mehr positive Gefühle aus, und ihre sprachliche Kommunikation hatte sich verbessert: Sie sprachen in längeren und komplizierteren Sätzen, reagierten empfindsamer, spontaner, kreativer.

Unsere Spiele kann man auch als geleitete Phantasie bezeichnen. Im Unterschied zum völlig freien Phantasieren sind sie als Anreiz gedacht, Ideen miteinander zu teilen, und als Ermutigung, die eigenen Vorstellungen auszudrücken, um andere Kinder daran teilhaben zu lassen und beim Zuhören wiederum deren Ideen und Vorstellungen kennen- und verstehen zu lernen.

 **14. Stell' dir mal vor ...**

Ziel: Vorstellungen und Ideen entwickeln, Wünsche und Bedürfnisse ausdrücken, phantasieren, erzählen.

1. Spielvorschlag: „Stellt euch vor, ihr wärt plötzlich für eine kurze Zeit unsichtbar. Was würdet ihr wohl so alles tun, wenn euch niemand dabei sehen könnte?" Die Kinder können erzählen, beschreiben, es evtl. vormachen und malen.

2. Spielvorschlag: „Stellt euch vor, ihr wärt plötzlich für kurze Zeit erwachsen!" Was würdet ihr dann als erstes oder am liebsten tun?" – Die Kinder können erzählen, so-tun-als-ob und malen.

Kommentar: Hier werden die Kinder dazu angeregt, sich etwas vorzustellen, das auch ihre geheimen Gefühle und Wünsche sehr berührt. Deshalb ist es wichtig, keinen Zwang auszuüben. Möchte ein Kind nichts sagen, so muß das akzeptiert werden. Vielleicht hat es einen Gedanken, den es aus bestimmten Gründen nicht auszusprechen wagt.

Das Spiel kann Anregung dafür sein, lustige und originelle Ideen zu entwickeln, Vorstellungen zu besprechen, die die Kinder beispielsweise von der Erwachsenenwelt haben. Auch Gefühle, wie Rache und Ärger, können ausgedrückt werden. Dies ist kein bedenkliches Zeichen, sondern ganz natürlich, da alle Kinder (auch die Erwachsenen) solche Gefühle manchmal empfinden. Wenn eine Kindergruppe nicht zu groß ist, etwa acht Kinder, erhöht sich die Chance, daß alle mal drankommen.

 **15. Geisterstunde**

Ziel: Vorstellungen und Ideen entwickeln, phantasieren, erzählen, berichten.

Spielvorschlag: Die Erzieherin beginnt, indem sie die Kinder anregt: „Stellt euch einmal vor, alle Dinge um euch herum werden plötzlich für eine Stunde lebendig. Was meint ihr, was da alles passiert? Könnt ihr euch vorstellen, daß hier im Kindergarten alles lebendig wird? Das Spielzeug fängt an, miteinander zu spielen, was macht der Bär hier?" – Die Kinder können sich viele lustige phantastische Sachen ausdenken und sie evtl. auch malen.

Kommentar: In der „Geisterstunde" können die Kinder Phantasiesituationen schaffen und lernen, im Geiste die Wirklichkeit schöpferisch umzuwandeln und die eigene Realität zu verändern.

Die Möglichkeit, sich *alles* auszudenken und vorzustellen, eigene Wünsche und Ängste in phantasievollen Handlungen darzustellen, dem Spielzeug Fähigkeiten zuzusprechen, die das Kind selbst gerne haben möchte, regt die Kinder an, Ideen zu entwickeln und frei zu erzählen. Der sprachliche Ausdruck dieser Phantasien wird vielen Kindern nicht so leicht fallen, da die Gefühle und Wünsche bestimmend sind, und sie erst allmählich lernen, ihre Empfindungen in Worte zu fassen. Deshalb werden alle Ausdrucksformen akzeptiert; nichtsprachliche, symbolische Gesten. Anregungen zum sprachlichen Ausdruck ergeben sich in Gesprächen im Zusammenspiel.

 **16. Zaubern**

Ziel: Wünsche und Bedürfnisse ausdrücken.

Material: Ein Stock zum Zaubern, evtl. ein Hut.

Spielvorschlag: Die Kinder sitzen zusammen. Eines spielt den Zauberer, eine Fee oder eine Hexe. Mit einem Zauberspruch verwandelt es sich selbst oder alle Kinder. Zum Beispiel:

„Hokuspokus, jetzt seid ihr viele kleine Bonbons. Hmm, jetzt kann ich euch alle essen, ihr schmeckt ganz süß ..." – Die Kinder verwandeln sich schnell und laufen fort, um nicht aufgegessen zu werden.

Kommentar: Manche Zauberwünsche sind sehr realistisch. Vielleicht verwandelt sich ein Kind in einen reichen König, um die Miete und das Gas bezahlen zu können.

Die Phantasie ermöglicht es, die eignen Ideen, Bedürfnisse und Probleme in phantastische Wünsche und Situationen umzuwandeln. Dies erleichtert sie zu äußern und mitzuteilen. Es ist wichtig, daß jedes Kind einmal Gelegenheit hat, den Zauberer zu spielen, frei zu handeln und zu erzählen. Alle anderen Kinder sollten mitspielen, nicht unterbrechen oder korrigieren. – Angstauslösende Momente (Hexe, Gespenst) und reale Probleme können besprochen werden.

 **17. Phantasiereise**

Ziel: Sinnliche Wahrnehmung in der Phantasie erleben.

Spielvorschlag: Ein Kind denkt sich eine phantastische Reise aus. Während die anderen Kinder still dasitzen, die Augen schließen und beim Zuhören sich vorstellen, wo die Reise hingeht, beginnt das Kind zu erzählen:

– Wo geht die Reise los?
– Wo soll sie hingehen? Welches Gepäck wird gebraucht?
– Wie reisen wir? Mit dem Auto, Schiff, Esel, Vogel ...
– Was passiert unterwegs?
– Wie gelangen wir ans Ziel? Wie sieht es dort aus? ...

 Als Beispiel kann die Erzieherin mit einer Geschichte beginnen.
Hier ist so eine Phantasiereise: Meine Reise beginnt hier im Kindergarten. Mit einem Zaubertrick verwandeln sich alle Stühle, auf denen ihr sitzt, in fliegende Stühle. Ihr braucht nur die rechte Hand herabhängen zu lassen, euch bequem anzulehnen und schon gehts los. Langsam nacheinander schweben alle aus dem Fenster. Draußen geht der Wind und hebt uns ein Stück in die Luft. Es ist ein herrliches Gefühl, von oben alles anzuschauen. Ich wollte schon immer mal einen Schornstein aus der

Nähe sehen. Da unten, da steht ein Mann und zeigt herauf zu uns. Er scheint sich zu wundern. Worüber wohl? Da bald Mittag ist, soll die Reise nicht so weit gehen. Wir schweben über die Stadt hinweg, sehen die Autos unter uns fahren. Manche Kinder halten sich an den Händen. Sie fühlen sich wohl und genießen den Ausflug. Die Stühle sind so sicher gebaut, daß niemand damit abstürzen kann. Wir nähern uns einer Wiese, nahe am Wald. Ich gebe ein Zeichen und langsam landen wir. Ganz vorsichtig setzen alle mit ihren Stühlen auf und schauen sich erst einmal um. Hier wachsen wunderschöne Blumen, sie riechen ganz herrlich. Zum Glück scheint auch noch die Sonne. Da passiert plötzlich etwas lustiges! Aus den Bäumen herab springen kleine flinke Eichhörnchen. Jedes von Ihnen hat ein leckeres Eis in den Pfötchen. Es reicht für jedes Kind. Nachdem wir noch eine ganze Zeit gespielt, gelacht und getobt haben, begeben wir uns wieder auf die Heimreise. Wir kommen gerade im richtigen Augenblick wieder an, um abgeholt zu werden.

Symbol- und Rollenspiele

Die nachfolgenden Spiele wurden ausgewählt, weil sie einige wichtige Entwicklungsprozesse beinhalten, die im Vorschulalter ablaufen.

▶ *Symbolspiel*

Die Fähigkeit des symbolischen Handelns und Darstellens ist eine wichtige Voraussetzung sowohl für das Rollenspiel als auch für die Sprach- und Denkentwicklung allgemein.

Ungefähr im 3. Lebensjahr entwickelt sich die erste und einfachste Form des symbolischen Spiels: Ein Objekt wird durch ein anderes ersetzt (zum Beispiel baden einer Puppe in vorgestelltem Wasser). Im Laufe der kindlichen Entwicklung wird die symbolische Handlung dann unabhängig von bestimmten Dingen und Gegenständen, d. h., das symbolische So-tun-als-Ob tritt an die Stelle realer Handlungen und Objekte. Aus einfachen Dingen schafft sich das Kind eine Welt, die seinen geistigen und sozialen Fähigkeiten entspricht. Parallel zur geistigen Entwicklung des Kindes wird auch diese Art des symbolischen Spielens komplexer und differenzierter, und die Sprache übernimmt eine wichtige Funktion der symbolischen Darstellung. Sprachliche Äußerungen dienen immer mehr als Ersatz für Gegenstände (das ist ein Teller) und Handlungen (ich koche jetzt), zur Beschreibung von Situationen und zur Übernahme von Rollen (ich bin die ...).

Die Entwicklung des symbolischen Spiels, d. h. die Möglichkeit, nicht vorhandene Gegenstände, Personen, bestimmte Situationen und Handlungen symbolisch durch andere Dinge bzw. durch sprachliche Äußerungen zu ersetzen und darzustellen, setzt die Fähigkeit voraus, diese Situationen gedanklich vorwegzunehmen und sich vorzustellen. Um diese wichtigen Momente der Sprach- und Denkentwicklung, die vom Anschaulichen, Selbstzentrierten zum Abstrakten, Symbolischen verläuft, zu fördern, haben wir die Symbolspiele, das So-tun-als-Ob mitaufgenommen. Dem Kind wird über die symbolische Teilnahme und Veränderung der Welt die Möglichkeit gegeben, sich als handelndes und selbständiges Wesen zu erfahren, Eindrücke und erlebte Situationen zu verarbeiten, d. h. sich mit der Umwelt und den eigenen Erfahrungen aktiv auseinanderzusetzen.

In den Spielen haben wir darauf geachtet, daß die symbolischen Gehalte nicht nur auf das Nachahmen und das Ersetzen durch andere Gegenstände reduziert wird. Wir haben Wert darauf gelegt, daß auch eigene Vorstellungen, Ideen und Eindrücke symbolisch dargestellt und kreativ ausgedrückt werden.

▶ *Rollenspiel*

Aus dem einfachen Symbolspiel entwickelt sich im Laufe des Vorschulalters das wirklichkeitsgetreue Rollenspiel. Auch hier finden wir einen gewissen Anteil an fiktiven Aspekten, nur in unterschiedlicher Ausprägung. Zum einen kann die gewählte Rolle eine reale oder eine Phantasieperson sein, zum anderen kann das gespielte Verhalten von realer Nachahmung bis hin zum Fiktiven (so-tun-als-ob) gehen.

Es ist wichtig, daß dem Kind hier ein Freiraum zur Gestaltung bleibt, denn dies ist seine Form der Informations- und Erfahrungsverarbeitung, wobei gerade die fiktive Haltung der Erhaltung und Förderung seiner Phantasie und Ausdrucksfähigkeit, der sprachlichen und nicht-sprachlichen, dient. Die Möglichkeiten, Thema und Ausdruck frei zu wählen und zu gestalten, sind unerläßlich für sein seelisches Gleichgewicht.

Die wichtigsten Momente eines Rollenspiels hat S. Smilanski (1974) in einer umfangreichen Forschungsarbeit zusammengestellt. Sie fand folgende Voraussetzungen für Rollenspiele:

1. *Nachahmung* von Rollen (ich bin der Vater und mache jetzt ...)

2. *Symbolischer Ersatz von Objekten* (so-tun-als-ob). Spielzeug, Gegenstände, Gesten oder sprachliche Erklärungen dienen als Ersatz für reale Dinge, die nicht verfügbar sind (zum Beispiel ein Stück Papier als Zeitung). – Das gleiche gilt für

3. *das So-tun-als-Ob bezüglich Handlungen und Situationen.* Da das Kind noch nicht über die sozialen Möglichkeiten verfügt wie ein Erwachsener, auch wenn es ihn spielt, muß es sich mit mündlichen Erklärungen als Ersatz aushelfen (beispielsweise setzt es sich mit dem Papier auf einen Stuhl und sagt: „Ich komme gerade von der Arbeit und lese jetzt Zeitung!").

4. *Ausdauer:* Die Rolle wird über eine längere Zeit hinweg beibehalten und

5. mindestens zwei Kinder sind an dem Spiel beteiligt. *Interaktion* und

6. *sprachliche Kommunikation* ist notwendig zur gemeinsamen Planung, Vorbereitung und Durchführung eines Spiels (du bist der Lehrer, du kommst erst nachher ...) und für jedes Kind, um den anderen sein Verhalten zu erklären, besonders bei fiktiven Handlungen.

S. Smilanski hat in dieser Untersuchung auch gezeigt, daß eine Förderung des Symbol- und Rollenspiels u. a. zu qualitativen Verbesserungen in den sprachlichen Äußerungen in Form längerer Sätze, zu einer Erweiterung des Wortschatzes und des Allgemeinwissens sowie zu einer Zunahme spielbezogener Unterhaltung führt. Solche Veränderungen werden durch die Notwendigkeit, sich mit anderen zu verständigen, bewirkt. Das Rollenspiel erfordert ein hohes Maß an Kooperation. Die Rollenaufteilung muß abgesprochen und diskutiert werden, und das Kind muß das eigene Verhalten den Mitspielern verständlich machen. Die Kinder müssen *über* die Situation sprechen; sie lernen, so zu trennen von der Kommunikation *in* der Situation.

Der andere sprachlich bedeutende Aspekt liegt darin, daß das Kind eine bestimmte Person in Handeln und Sprechen in verschiedenen Situationen nachahmt. Seine Äußerungen bestehen dabei entweder in nachahmendem Sprechen oder dienen als Ersatz für Gegenstände, Handlungen und Situationen. Die verschiedenen Arten der Sprachverwendung wechseln in schnellem Ablauf während eines Spiels, sind eng verbunden mit dem symbolischen Gehalt und begleitet von entsprechenden Gesten, Bewegungen und Mimik.

Eine weitere wichtige Voraussetzung, eine andere Person nachzuahmen und spielen zu können, ist neben dem symbolischen Handeln und Darstellen die Fähigkeit zur Rollenübernahme; d. h., sich in eine andere Person hineinversetzen und so die Umwelt und sich selbst aus der Perspektive eines anderen heraus betrachten zu können. Diese Fähigkeit ist unerläßlich, um andere Menschen in ihrem Denken und Handeln zu verstehen und sich auf sie als Gesprächspartner einstellen zu können. In unseren Spielen haben wir nicht nur die dazugehörigen Wahrnehmungs- und Denkfähigkeiten berücksichtigt, sondern auch die gefühlsbezogenen, das Einfühlungsvermögen.

Mit vier Jahren läßt sich das Kind noch von seiner unmittelbaren Anschauung leiten und nimmt seine Umwelt hauptsächlich von seinem Standpunkt aus wahr. Man spricht bei dieser Art des Wahrnehmens und Handelns von Egozentrismus. D. h., das Kind sieht sich als Mittelpunkt seiner Welt, und von dieser Warte aus denkt, spricht und handelt es. Erst durch vielfältige Erfahrungen mit seiner dinglichen und personalen Umwelt lernt das Kind, daß Gegenstände viele unterschiedliche Merkmale haben, andere Kinder sie anders sehen (s. Ratespiele) und daß sich Personen unterschiedlich in ähnlichen Situationen verhalten.

Im Spiel können die Kinder erfahren, daß jeder Mitspieler seine Rolle anders spielt. Sie lernen, aufeinander einzugehen, sich auf andere einzustellen und sich mit ihnen zu verständigen. Eine erfolgreiche Kommunikation ist abhängig von der Fähigkeit, sich in andere hineinzuversetzen (Rollenübernahme), wobei einige Autoren der Meinung sind, daß diese erst im Grundschulalter voll entwickelt ist.

In unseren Spielen sollte den Kindern genug Freiraum zum Experimentieren gegeben werden, damit sie ihre Rollenvorstellungen aus eigener Erfahrung mit denen anderer vergleichen, sie verändern und ergänzen können. Eine Vielfalt von Anregungen ergibt sich daraus, daß der Ausdruck aller Kinder akzeptiert und nicht beurteilt und eingeschränkt wird.

Im Rollen- und Symbolspiel erlebt das Kind sich selbst, seine eigenen Wünsche, Bedürfnisse, Befürchtungen und die der anderen Kinder und setzt sich mit Erwartungen auseinander. Kleine Stützen und Hilfen werden auch bei diesen Spielen nötig sein. Sie müssen aber einhergehen mit der Anerkennung des Kindes, dessen Ideen und Eigenwilligkeit der Gestaltung.

   **18. Tiere spielen**

Ziel: Nachahmung.

1. Spielvorschlag: Alle Kinder sitzen im Kreis. Ein Kind beginnt, ein Tier, zum Beispiel eine Katze nachzuahmen. Sobald ein anderes Kind das Tier erraten hat, beginnt es auch damit, dieses Tier nachzuahmen, bis alle Kinder Katzen sind. Dann kommt ein anderes Kind an die Reihe, ein Tier nachzuahmen.

2. Spielvorschlag: Die Erzieherin flüstert jedem Kind ein Tier ins Ohr, wobei jedes Tier zweimal vertreten ist. Nun laufen alle durcheinander und ahmen die typischen Laute „ihres" Tieres nach, bis jeder seinen Partner gefunden hat.

Kommentar: Grundlegend für die frühe sprachliche Entwicklung des Kindes ist die Fähigkeit, Laute und Geräusche selbst zu produzieren und bekannte so nachzuahmen, daß andere Kinder sie verstehen bzw. erkennen. Der Spaß am Spiel mit Lauten und die Verwandlung in ein Tier ermuntern die Kinder beim Experimentieren mit ihrer Ausdrucksfähigkeit.

 **19. Einladung zum Phantasieessen**

Ziel: Eigene Vorstellungen und Ideen symbolisch darstellen.

Material: Evtl. Lebensmittel, Koch- und Eßgeschirr.

Spielvorschlag: Die Erzieherin fragt die Kinder, wer Lust hat, ein großen Phantasieessen für alle vorzubereiten. Die Kinder können aus geringen Mengen Lebensmitteln das Essen herstellen, bzw. aus anderen Dingen symbolisch ein Essen arrangieren. Sie bereiten alles nach ihren Wünschen vor, bedienen ihre Gäste (die anderen Kinder), und erläutern ihnen, was welches Essen darstellt, ob es gekocht, roh oder gebraten ist ...

Kommentar: Dieses Spiel fördert die Fähigkeit des So-tun-als-Ob. Das Kind wird angeregt, Nicht-vorhandenes darzustellen. Je nach seinem Alter kann es:

- nur mit Dingen spielen, die vorhanden sind;
- verschiedene Dinge für die gleiche Handlung benutzen (füttert alles aus einem Teller);
- die fehlenden Dinge durch vorgestellte ersetzen und
- einen Gegenstand für einen anderen verwenden (Bauklotz als Teller);
- die fehlenden Dinge durch Worte ersetzen (ich koche jetzt);
- ganze Handlungen durch Worte ersetzen;
- die Rolle einer anderen Person spielen.

Die oben aufgezählten Punkte beschreiben in etwa den ent-

wicklungspsychologischen Verlauf des Symbolspiels. Nach
welchen Vorlieben ein Kind sein Spiel gestaltet, hängt ab vom
Alter und Entwicklungsstand. Alle Vorstellungen, symbolisch
dargestellt müssen sprachlich sehr genau vermittelt werden,
damit auch die Gäste sich das Essen vorstellen können. Die
Freude, eigene Ideen zu entwickeln, gemeinsam zu planen und
anderen etwas eigenes vorzustellen, ohne gleich an Grenzen zu
stoßen, fördert das Interesse und die Spannung in diesem Spiel.

 **20. Wir erfinden Schilder**

Ziel: Eigene Vorstellungen und Ideen in Zeichen umwandeln.

Material: Starke Pappbogen, Farbe, Pinsel Schere.

1. Spielvorschlag: Die Erzieherin überlegt zusammen mit den
Kindern, welche Schilder sie kennen: Verbotsschilder, Warn-
und Auskunftsschilder usw., und sie überlegen gemeinsam,
was diese allgemein verständlichen Zeichen bzw. Symbole bedeuten. Ein Pfeil zeigt die Richtung an, ein X auf einem Gegenstand heißt verboten ... Die Kinder versuchen dann selbst
eigene Schilder und Tafeln zu gestalten, und zwar so, daß sie
allgemein verständlich sind, zum Beispiel: „Vorsicht, lieber
Hund!", oder: „Hier gibt es Mücken!", oder: „Füttern verboten!", oder: „Vorsicht, keine Zeit!", oder: „Hier spielen Kinder",
oder: „Fernsehen verboten", oder: „Vorm Einschlafen wird ge-
warnt!" u. v. a. m.

2. Spielvorschlag: Den Kindern wird es sicher auch sehr viel
Freude bereiten, ihre eigenen Vorschläge selbständig zu gestalten, d. h. auf starkem Papier mit Tusch- oder Fingerfarben
ein *eigenes* großes Schild zu malen, auszuschneiden und an die
Wand der „vielen Verbote und Warnungen" zu hängen. Andere
Kinder dürfen dann raten, was die Schilder bedeuten. Wer es
nicht erkennt, der läßt es sich vom „Maler" erklären!

3. Spielvorschlag: Jetzt dürfen die Kinder einmal den Sinn aller
ihnen bekannten Verbotsschilder für Erwachsene und für Kinder umdrehen; d. h., statt „Spielen verboten" heißt es dann:
„Spielen erlaubt", bzw. „erwünscht"! Die Kinder sollen dabei
selbst die unterschiedlichen Gründe und Konsequenzen bestimmter Schilder erkennen lernen (Verkehrsschilder, „Spielen
im Hausflur verboten") und herausfinden, wessen Interesse mit

bestimmten Verboten vertreten wird, bzw. wie wichtig einige
Gebote und Warnungen sind.

Kommentar: In diesem Spiel steht die Funktion von Symbolen
und die Frage nach dem Sinn dieser Symbole im Vordergrund.
Die Kinder können sowohl die besondere als auch die allgemeine Bedeutung von Symbolen erkennen und verstehen lernen, indem sie angeregt werden, sich sowohl mit unbekannten
Symbolen auseinanderzusetzen, sie zu deuten und Lösungen
zu formulieren, als auch eigene Wünsche und Bedürfnisse in
symbolische Zeichen zu verwandeln. Sie können erfahren, daß
der Ausdruck: ihrer Gedanken in Form eines Zeichens nicht unbedingt eindeutig ist, sondern ganz verschieden aufgefaßt werden kann, wenn man sich nicht darüber verständigt und einigt,
was gemeint ist. Dabei ist es für Kinder besonders wichtig, be-
stehende Verbote und Warnungen zu hinterfragen, wobei der
Unterschied zu lebensnotwendigen Verboten deutlich heraus-
gestellt werden muß. Die Auseinandersetzung mit wichtigen
Grenzen und die Möglichkeit, eigene Ideen zu entwerfen, regt
die Kinder an, Vorstellungen zu entwickeln und auszudrücken.

 **21. Rollenspiel 1**

Ziel: Darstellen von Bezugspersonen.

Spielvorschlag: Die Kinder werden angeregt, eine bestimmte
Person zu spielen und zusammen eine kleine Szene zu erfin-
den, zum Beispiel: Szenen mit Vater, Mutter, Erzieherin, Geschwister, Spielkameraden, usw.

 **22. Rollenspiel 2**

Ziel: Darstellen von Situationen.

Spielvorschlag: Hier werden bestimmte thematische Anregungen gegeben, wobei die Kinder die entsprechenden Rollen unter sich verteilen können und den Ausgang der kleinen
Geschichte selbst bestimmen, zum Beispiel: Das Kind möchte
noch nicht ins Bett ... Das Kind mag das Mittagessen nicht oder
mag heute nicht in den Kindergarten gehen ... Das Kind hat etwas angestellt (was?). Es gibt Ärger mit dem Hausverwalter
oder Nachbar wegen Lärm beim Spielen.

 **23. Rollenspiel 3**

Ziel: Darstellen von Erlebnissen und Erfahrungen.

Spielvorschlag: Ein Kind kann ein besonderes Erlebnis erzählen und spielt es dann zusammen mit anderen Kindern dem Rest der Gruppe vor, wobei auch der Ablauf oder der Ausgang geändert werden kann, zum Beispiel: Zum Arzt gehen (evtl. mit entsprechenden Utensilien); eine Reise machen (Koffer pakken, Bahn und Auto fahren ...); in eine andere Stadt (Stadtteil, Dorf) umziehen usw.

 **24. Rollenspiel 4**

Ziel: Darstellen von Phantasien, Ideen und Märchen.

Spielvorschlag: Die Kinder denken sich irgendwelche Geschichten aus mit Personen, die ihnen jaus Filmen, Märchen, usw. in Erinnerung geblieben sind und spielen sie den anderen vor; oder sie spielen ein Märchen nach.

 **25. Rollenspiel 5: Der Zirkus kommt**

Ziel: Darstellen von Personen, Tieren, Situationen aus dem Zirkus.

Spielvorschlag: Die Kinder spielen Zirkus. Jedes Kind sucht etwas aus, das es gerne sein möchte: ein Tier, ein Clown, ein Tänzer, der Ansager ... Es können sich auch mehrere Kinder zusammentun und eine Nummer (Szene) darstellen, sich verkleiden, schminken ...

Kommentar: Die Themen für die Rollenspiele stammen aus der Erfahrungswelt der Kinder, wie sie im Beispiel spontan auftauchen.

Will man ein Spiel vorschlagen, so kann sich das Thema aus Gesprächen, Vorfällen, Büchern usw. ergeben, aus dem, was die Kinder täglich erleben. Dabei ist ratsam, nicht mit großen Szenen zu beginnen, sondern mit einfachen Darstellungen, evtl. unter Zuhilfenahme von entsprechenden Gegenständen.

So können interessante und wichtige Themen nicht nur besprochen, sondern auch dargestellt und gespielt werden, d.h., zur Sprache kommt der nichtsprachliche Ausdruck in Form von

Gesten, Mimik, Körperbewegungen hinzu. Indem die Kinder bestimmte Rollen übernehmen und ausdrücken, wie sie sie erleben, sich wünschen, vorstellen, können sie nachahmen,
übertreiben, phantasieren und Lösungen finden, realistische
oder originelle und unwahrscheinliche. Im Mittelpunkt steht die
Verständigung mit den Mitspielern und dem „Publikum", denn
es müssen Absprachen getroffen werden, damit alle verstehen
können, worum es geht und was gerade läuft. Die Erzieherin
kann bereichernd mit Informationen und Hinweisen zum Detail
das Spiel unterstützen und durch Ermutigung helfen. Hemmungen und Ängste zu überwinden. – Für die gesamte Entwicklung
des Kindes ist wichtig, daß es sich aktiv und gestaltend erleben
kann und angenommen fühlt. Die Fähigkeiten und Fertigkeiten,
die es dabei erwirbt, schaffen günstige Voraussetzungen für
weitere Lernprozesse.

 **26. Rollenspiel 6: Markt**

Ziel: Darstellen von Tätigkeiten und Berufen.

Spielvorschlag: Jedes Kind baut sich aus Stühlen und Tischen
einen Stand; verschiedene Spielsachen und andere Dinge stellen die Ware dar. Dann bietet jedes Kind seine Ware an und erzählt, was es alles macht (zum Beispiel als Verkäufer,
Handwerker, Zauberer, Tierarzt, Feuerwehrmann, Astronaut,
Seeräuber, Friseur …). Die anderen Kinder können auch Wünsche äußern und Forderungen stellen und er/sie muß entscheiden, ob das für ihn möglich ist oder nicht, zum Beispiel: „Ich bin
ein Koch!" „Was kochst du denn?" „Suppe!" „Ich will aber ein
Schnitzel!" „Hab' ich jetzt nicht …!"

Kommentar: Oft haben die Kinder bereits einen Begriff, eine
Vorstellung von einem Beruf, aber noch ohne volle Bedeutung.
Diese kann erweitert und verfeinert werden. Fragen der Kinder,
Anregungen des Erziehers und eigene Ideen helfen weiter. Sicher werden auch Erfahrungen und Erlebnisse, zum Beispiel
beim Schuster, Friseur usw. wach.
    An dieses Spiel, das keinen Anspruch auf vollständige, wirk-
lichkeitsgetreue Darstellung erhebt, können sich Gespräche
über verschiedene Berufe und Tätigkeiten anschließen, evtl.
Ausflüge auf einen Markt, in eine Bäckerei usw., um kennenzulernen, was dort wirklich geschieht.

 **27. Handpuppenspiel**

Ziel: Symbolische Darstellung von Personen, Handlungen und Situationen.

Material: Viereckige Tücher, Kochlöffel und Farben, andere Handpuppen, Schlümpfe.

1. Spielvorschlag: Jedes Kind erhält eine Handpuppe: Ein viereckiges Tuch wird an einer Ecke geknotet, ein Stückchen bleibt überstehen. In den Knoten stecken die Kinder ihren Zeigefinger und bewegen damit den so entstandenen Kopf. Daumen und Mittelfinger bilden die Arme. – Die Kinder können sich auch vorher eine Holzpuppe mit einem Kochlöffel basteln.

Mit diesen Handpuppen sitzen die Kinder zusammen, und jedes läßt seine Puppe etwas sagen ..., stellt sie den anderen vor, fragt den Nachbarn, wie es ihm geht, oder erzählt sonst etwas.

2. Spielvorschlag: Wenn die ersten Hemmungen abgebaut sind und die Kinder sich an die Handpuppe gewöhnt haben, können mehrere Kinder zusammen eine Szene spielen. Als Anregungen bieten sich Alltagsereignisse an, auch alle Vorschläge zum Rollenspiel können aufgegriffen werden, zum Beispiel: Eine Familie macht einen Ausflug oder erhält Besuch; Situationen auf dem Spielplatz oder aus der Schule; Streit zwischen zwei Erwachsenen; Begrüßung und Abschied; einmal alles verkehrt machen; zwei Puppen telefonieren miteinander und erzählen sich das Neueste.

Die Ausgestaltung des Handlungsablaufs bleibt den Kindern überlassen, um ihre Vorstellungen, Wünsche und Interessen auszudrücken.

3. Spielvorschlag: Die Kinder bauen eine Art Bühne auf (altes Fernsehgehäuse, mehrere Stühle nebeneinander o. ä.). Sie suchen sich Figuren (Handpuppen, Schlümpfe, irgenwelche kleinen Spielzeugfiguren) und bauen mit Gegenständen (aus der Puppenecke, Bausteine usw. ...) die Einrichtung, um dann selbst ausgedachte Szenen zu spielen. So bauten einige Kinder mit Bausteinen, Plastiktieren und Puppengeschirr ein Schlumpfdorf und spielten tagelang immer wieder neue Szenen, wobei die Bedeutung der einzelnen Schlümpfe wichtig war. Andere wiederum bauten ein Wohnzimmer für Krokodile, die dort mit vielen Muscheln drumherum tagelang ein mehr oder weniger harmonisches Familienleben führten. Meist spielten die Kinder mehr miteinander und für sich als für ein Publikum, aber zuschauen war auch erlaubt.

Kommentar: Für das Handpuppenspiel gelten ganz ähnliche Überlegungen wie für das Rollenspiel, besonders, was die sprachliche Seite betrifft. Es gibt aber auch einen ganz wesentlichen Unterschied: Im Rollenspiel sind das Kind und die Rolle, die es spielt, eins. Beim Handpuppenspiel verkörpert die Puppe die Rolle. Das Kind kann in die Puppe „hineinschlüpfen" und *über* sie aktiv werden, kann „so-tun-als-ob"; die Puppe spricht und handelt. Dies ermöglicht mehr Abstand, und indem das Kind die Figur reden läßt, wird es leichter, Bedürfnissen, Wünschen, Erfahrungen, Erlebnissen und ganz unterschiedlichen Gefühlen Ausdruck zu verleihen und sich mit real erlebten alltäglichen Situationen wieder neu auseinanderzusetzen. Daher sollten sich alle Kinder beteiligen.

Das Handpuppenspiel regt sowohl zum handlungsbegleitenden Sprechen an als auch zur Kommunikation mit den anderen. Auch wenn Szenenvorschläge gemacht werden, ist es wichtig, daß diese an die Erfahrungen und Interessen der Kinder anknüpfen und genügend Raum für eigene Gestaltung bleibt.

Interessant zu beobachten ist:

- Wie nehmen die Kinder miteinander Kontakt auf?
- Nehmen sie selbst mit ihren Puppen Kontakt auf oder identifizieren sie sich mit ihnen?
- Wie einigen sie sich mit den anderen Kindern darüber, was sie darstellen wollen?
- Gehen sie auf die Rollen der anderen Puppen ein?
- Welche Situationen bzw. Personen werden dargestellt? Wie wirklichkeitsgetreu werden sie dargestellt?
- Welche Gefühle und Bedürfnisse werden angesprochen und wie werden sie geäußert?

Pantomime

Unter Pantomime versteht man die Kunst, Gefühle, Handlungen und Gedanken ohne Worte darzustellen: Über diese Fähigkeiten verfügt jeder Mensch, denn zu jeder sprachlichen Mitteilung gehört ein körperlicher Ausdruck, der sie begleitet: Gesichtsausdruck (Mimik),

Gesten, Körperhaltung. Diese Signale sind oft unbewußt,
aber Kinder haben ein feines Gespür dafür, denn schon
lange, bevor sie die Sprache verstehen, nehmen sie diese
Mitteilungen wahr und reagieren darauf. Zum Beispiel
wenden sie sich vertrauensvoll an jemanden, der freundlich lächelt, oder erschrecken vor einem finsteren Blick.
Über diesen Kanal nehmen die Kinder schon früh am Er-
wachsenenleben teil. Allmählich lernen sie, daß verschiedene Worte verbunden sind mit einem bestimmten
Gesichtsausdruck, mit Gesten und Haltungen; desto ver-
wirrender kann es aber auch für ein Kind sein, wenn es an
eine Person gerät, die etwas anderes sagt, als ihr Gesicht
und ihre Gesten ausdrücken, die „unaufrichtig" ist.

In unseren Spielen stehen diese nichtsprachlichen Ausdrucksfähigkeiten im Mittelpunkt. Es geht darum, alltäg-
lich bekannte Situationen ohne Sprache auszudrücken, sie
bildlich darzustellen. Das setzt bereits ein bestimmtes
Verständnis der jeweiligen Tätigkeiten und Begriffe voraus, die im Zusammenspiel mit den anderen Kindern ergänzt und verändert werden können. Dies kann zum
einen durch eigene Erfahrungen im Spiel erfolgen, zum
anderen durch Gespräche über die einzelnen Darstellungen, die sich meist im Anschluß an ein aufregendes Spiel
ergeben. Hierbei erfährt das Kind außerdem, daß sich die
Sichtweise anderer Kinder von seiner eigenen unterscheidet. Es lernt andere Standpunkte kennen und in Betracht
ziehen, eine wichtige Voraussetzung, um ein gelingendes
Gespräch zu führen.

Alle Anregungen sind so gehalten, daß die Kinder sie
nach eigenen Vorstellungen frei entwickeln können. Der
Erzieher kann die Kinder ermutigen, ihre Zurückhaltung
und Angst zu überwinden und selbst auszuprobieren, wobei dem Einfallsreichtum keine Grenzen gesetzt sind. Die
Darstellungen können von relativ wirklichkeitsnahen
Nachahmungen bis zu völlig frei erfundenen Gehalten
reichen. In der Vielfalt der Möglichkeiten, die sich in einer Gruppe ergeben, liegt auch die Quelle der Anregungen und damit der Erweiterung der Erfahrungswelt.

Kleine Hinweise, die den spontanen Spielablauf nicht stören, können sehr hilfreich sein, wenn es um die Darstellung ganz konkreter Tätigkeiten geht. – Es ist ratsam, mit ganz einfachen Themen zu beginnen und erst allmählich kompliziertere Szenen vorzuschlagen. Dann haben die Kinder die Möglichkeit, mit den Ausdrucksformen vertraut zu werden. Manche dieser Pantomimen können auch als Rollenspiele gespielt werden.

 **28. So-tun-als-ob 1**

Ziel: Einfache Tätigkeiten erkennen und ausdrücken.

Spielvorschlag: Ein Kind oder jedes Kind tut so, als ob es Kaffee trinkt, eine Zeitung liest, auf eine Leiter steigt, Suppe löffelt, den Mantel anzieht, schwimmt, näht, Auto fährt, Fußball spielt, kocht, einen Brief malt, ein Instrument spielt, einen Ball wirft.

Bei diesem Spiel kann die Erzieherin einem Kind eine Tätigkeit ins Ohr flüstern, und es stellt dar, was es sich darunter vorstellt, während die anderen Kinder raten; oder das Kind denkt sich selbst etwas aus. Eine andere Möglichkeit ist, einen Vorschlag laut zu sagen, und alle Kinder stellen dar, was ihnen dazu einfällt, wobei jedes Kind zu eigenen Ideen ermuntert wird.

Kommentar: Das nicht-sprachliche Darstellen dieser einfachen Tätigkeiten führt weg von der Wirklichkeit, ist aber noch mit einer bekannten Handlung verbunden. Bereitet es den Kindern große Schwierigkeiten, die Gesten verständlich zu machen, können sie erst noch einmal mit dem realen Gegenstand üben und es dann ohne diesen nachmachen. Viele dieser Gesten werden sonst durch Worte ersetzt, deshalb erfordert die Pantomime eine genaue Vorstellung dessen, was gemeint ist. Insofern dient dieses Spiel der Erweiterung der Vorstellungs- und Erfahrungswelt und schafft Voraussetzungen für kompliziertere Rollenspiele.

 **29. So-tun-als-ob 2**

Ziel: Gefühle wahrnehmen und ausdrücken.

Spielvorschlag: Ein Kind oder jedes Kind tut so, als ob es müde, wütend, traurig, beleidigt, begeistert, erfreut, ängstlich, sehr glücklich, erschrocken, nachdenklich ist. – Ein Kind drückt ein Gefühl aus, das es sich entweder selbst ausgedacht hat oder das ihm die Erzieherin ins Ohr geflüstert hat, und die anderen Kinder raten, oder alle „sind" traurig, lustig ...

Kommentar: Eine wichtige Fähigkeit im täglichen Umgang mit anderen Menschen ist das Einfühlungsvermögen. Dazu gehört u. a., den Gesichtsausdruck und die Haltungen des Gesprächspartners wahrzunehmen und zu verstehen. Eine andere ebenso wichtige Fähigkeit ist, eigene Gefühle wahrzunehmen und auszudrücken.

In diesem Spiel können die Kinder lernen, ein Wort (Begriff) mit dem gesamten Körperausdruck zu verbinden. Da es um etwas so wichtiges wie Gefühle geht, darf kein Kind gezwungen werden, mitzuspielen, wenn es aus irgendwelchen Gründen zögert. Gegebenenfalls helfen ihm die Darstellungen der anderen, seine eigene Zurückhaltung zu überwinden. – Nicht nur für viele Erwachsene, auch schon für Kinder, ist es keineswegs selbstverständlich und natürlich, mit allen Gefühlen offen umzugehen. Sie haben auch schon gelernt, sie für sich zu behalten und zu verstecken.

 **30. So-tun-als-ob 3**

Ziel: Charakteristische Merkmale von Personen darstellen.

Spielvorschlag: Ein Kind denkt sich eine Person aus und stellt sie pantomimisch dar, so wie es sie sich vorstellt, während die anderen raten, um wen es wohl geht, zum Beispiel: Mutter, Vater, Junge oder Mädchen, ein Indianer, Verkehrspolizist, Erzieher, Doktor, Lehrer, Nachbar, Bauer, Schornsteinfeger, Busfahrer, Flugkapitän ...

Kommentar: Kinder haben bestimmte Vorstellungen, was eine gewisse Person macht, wie sie sich bewegt, wobei sie besonders typische Merkmale und Bewegungen herausgreifen. Bei diesem Spiel kann das darstellende Kind auch die Erfahrung machen, daß für andere ganz unterschiedliche Merkmale wichtig sind, und es kann herausfinden, welche Dinge entscheidend sind, um sich den „Zuschauern" verständlich zu machen. Was das Kind ausdrückt, hängt eng zusammen mit seiner persönlichen Beziehung zu der dargestellten Person; das kann von einer wirklichkeitsgetreuen Nachahmung bis hin zur Übertreibung und Karikatur reichen. Manchmal ist es wichtig, mit kleinen Hilfen und Anreicherungen das Spiel zu unterstützen, keinesfalls zu korrigieren oder mit kritischen Bemerkungen einzugreifen.

31. So-tun-als-ob 4

Ziel: Wichtige Gehalte verschiedener Situationen charakterisieren.

Spielvorschlag: Zwei oder drei Kinder überlegen sich zusammen heimlich eine kleine Szene, die sie dann den anderen Kindern pantomimisch darstellen wollen. Diese müssen erraten, worum es geht, zum Beispiel: beim Arzt, Familie beim Essen, Mutter/Vater bei der Arbeit, Chef und Sekretärin, Arbeiter auf dem Bau, beim Schuster, Bäcker, Bauer, Spaziergang mit einem Hund, in der Geisterbahn, Musikband, Fußballspiel, Zahnarzt ...

Kommentar: Dieses Spiel, das auch mit Sprache als Rollenspiel dargestellt werden kann, zeigt, wie die Kinder ihre Umwelt erleben. Es ist günstig, eigene Vorschläge der Kinder anzuregen, um ihnen Gelegenheit zu geben, das auszudrücken, was als Eindruck bei ihnen vorherrscht. Da hier mindestens zwei Kinder zusammenspielen und sich vorher verabreden müssen, geben sie sich gegenseitig Anregungen. Bei offensichtlichen Schwierigkeiten, sich verständlich zu machen, kann die Erzieherin mit kleinen Hinweisen behilflich sein, beispielsweise in Form von Fragen (Was macht der Bauer noch?) (Wie macht er das?). Das Spiel kann sich auch an einen Ausflug anschließen, um den Kindern Gelegenheit zu geben, gemeinsam zu verarbeiten, was sie gerade kennengelernt haben.

32. So-tun-als-ob 5

Ziel: Typische Verhaltensweisen von Tieren darstellen.

Spielvorschlag: Entweder sucht sich ein Kind ein Tier aus und stellt es dar, und die anderen Kinder raten, oder alle tun so, als wären sie ein bestimmtes Tier, auf das sie sich zuvor geeinigt haben, zum Beispiel: Nashörner, Löwen, Vögel, Mäuse, Fische, Katzen, Esel, Affen ...

Kommentar: Dieses Spiel kann sehr lustig sein, denn selbst das

gleiche Tier wird von jedem Kind ganz unterschiedlich dargestellt. Beim Vogel zum Beispiel drückt ein Kind fliegen aus, ein
anderes pickt oder füttert die Jungen oder baut am Nest usw. –
Hier spielt eine Rolle, was die Kinder von einem Tier wissen und
was daran wichtig für sie selbst ist. Dabei können sich die Kinder gegenseitig sehr viel Anregung geben und es hinterher
auch besprechen. Dieses Thema eignet sich auch als Rollenspiel.

 **33. So-tun-als-ob 6**

Ziel: Persönliche Bedeutung von Begriffen ausdrücken.

Spielvorschlag: Die Kinder erhalten die Anregung, etwas schönes, lustiges, spannendes, trauriges, grausames usw. darzustellen. Jedes Kind oder zwei Kinder zusammen überlegen sich
etwas zu dem Stichwort und spielen es den anderen vor. Danach wird es besprochen.

Kommentar: Wie beim Spiel Nr. 13 (Sammeln) wird hier ein
Begriff vorgegeben, dessen Bedeutung weitgehend offen ist.
Deshalb kommt es auch nicht auf Bewertung an, sondern alle
Kinder können erfahren und verstehen lernen, daß die Bedeutung eines solchen Begriffs sehr unterschiedlich sein kann. Von
daher ist auch wichtig, nach der pantomimischen Darstellung
darüber zu sprechen, die Kinder zu Begründungen anzuregen,
denn dieser Austausch von Meinungen und Einstellungen un-
terstreicht die Vielfalt der möglichen Auffassungen und hilft den
Kindern, ihre eigene Vorstellung zu vervollständigen, zu erweitern und zu verfeinern, indem sie die Sichtweise der anderen
mit in Betracht ziehen lernen.

 **34. So-tun-als-ob 7**

Ziel: Charakteristische Eigenschaften von Gegenständen darstellen.

Spielvorschlag: Ein Kind oder jedes Kind erhält entweder die
Bezeichnung eines Gegenstandes oder denkt sich selbst einen
aus, den es/alle dann darstellen, zum Beispiel: Blumen, Bäume,
einen Zug, eine Straßenbahn, eine Mülltonne, eine Puppe, einen
Kleiderbügel, einen Aschenbecher usw..

Kommentar: Viele Kinder betrachten im Gegensatz zu Erwachsenen Gegenstände oder Pflanzen als gar nicht so leblos, besonders nicht Dinge, die ihnen persönlich wichtig sind. Dieses Spiel lebt von dieser Vorstellungskraft. Es fordert die Kinder auf, charakteristische Merkmale, die ein Ding hinreichend kennzeichnen, herauszufinden und auf irgendeine Art auszudrücken und darzustellen. Besonders wenn alle Kinder dasselbe Ding meinen, zeigt sich wiederum eine Vielfalt von Eigenschaften. In einer anschließenden Besprechung können die wichtigsten Charakteristika herausgesucht werden. Damit spricht dieses Spiel direkt den Begriffs- und Bedeutungserwerb an (s. Ratespiele); außerdem macht es Spaß durch die Spannung beim Darstellen und Raten.

 **35. So-tun-als-ob 8**

Ziel: Phantasien und Ideen ausdrücken.

Spielvorschlag: Die Kinder erhalten den Vorschlag, eine Person oder Szene aus einem Märchen, einer Geschichte, einem Film oder aus ihrer Phantasie darzustellen. Ein, zwei oder mehrere Kinder spielen ihre Idee der restlichen Gruppe vor, die raten muß, um wen oder was es sich handelt.

Kommentar: Über das Für und Wider von Märchen ist viel geschrieben worden. Die praktische Erfahrung zeigt, daß Kinder Märchen- und Phantasiefiguren mögen; auch vom Fernsehen her werden viele Kinder täglich mit Filmfiguren konfrontiert.

In diesem Spiel, das übrigens auch als Rollenspiel aufgeführt werden kann, haben die Kinder Gelegenheit, darzustellen, was für sie so interessant und auffällig war, daß es Eingang in ihre Vorstellungswelt gefunden hat. Anschließend kann ausführlich darüber gesprochen werden.

Die Übernahme einer Phantasierolle (pantomimisch oder sprachlich) erleichtert den Ausdruck von Gefühlen und Wünschen, außerdem ermöglicht es aktives, gemeinsames Planen und Handeln und erfordert besonders bei der Pantomime beobachten und aufeinandereingehen in Gesten und Mimik, also im nichtsprachlichen Bereich. Im Rollenspiel kommt die Aufmerksamkeit auf die Sprache noch hinzu, um den Phantasiepartner zu verstehen, dessen Rolle wenig festgelegt ist.

Gestaltendes Spiel

Nach Rüssel verstehen wir unter Gestaltungsspiel eine schöpferische Tätigkeit, bei der aus ursprünglich neutralem Material (Lego, Töne, Papier, Farben) eine erkennbare Gestalt geformt wird. Das kann ein Bild, eine Melodie, eine Sandburg, ein Puzzle sein. Handelt es sich bei dem Ausgangsmaterial um festgelegte Grundteile, wie Lego, Steckteile, Puzzle im Gegensatz zu plastischem Material, wie Ton, Sand, Farben, so kann man von Konstruktionsspielen sprechen.

Was das Kind bei diesem Spiel herstellt, kann mehr oder weniger originell sein. Bei uns liegt die Betonung weniger auf dem Produkt, als auf dem schöpferischen Prozeß selbst.

Über die Funktion der Gestaltungsspiele weiß man nicht sehr viel. Man vermutet, daß es hauptsächlich der Entspannung und dem Ausdruck dient. Auf jeden Fall regt ein gemeinsames Gestaltungsspiel zum Planen eines Projektes an, zu Absprachen bei der Durchführung und über das Produkt. Dabei können die Kinder lernen, ihre Ideen mit Hilfe von Material auszudrücken, aber auch, sich den anderen Kindern mitzuteilen und dabei aufeinander zuzugehen.

Auch das Einzelspiel, bei dem das Kind schöpferisch tätig wird und etwas baut, legt, malt, usw., bietet Anlaß zu einem kurzen Gespräch. Interessierte Fragen regen es an, etwas über sein Bild, Bauwerk, o. ä. zu erzählen und zu beschreiben, was es im einzelnen darstellt.

Da sich Kreativität nur frei entfalten kann, wenn sie nicht durch Urteile vorzeitig gebremst wird, kommt es auch darauf an, daß eine wohlwollende Atmosphäre herrscht, in der alle Ideen und Ausdrucksformen ihre Bedeutung haben und anerkannt werden.

 **36. Wir entwerfen eine Stadt, ein Haus ...**

Ziel: Wünsche, Bedürfnisse, Interessen und Ansichten kreativ ausdrücken.

Material: Große Bogen festes Papier, Farben, Knete, Klebstoff, Schachteln.

Spielvorschlag: Die Kinder bestimmen gemeinsam ein Projekt, das sie in kleinen Gruppen gestalten wollen, zum Beispiel: einen Bauernhof, eine Stadt, einen Spielplatz, einen Zoo, ein Haus, einen Kindergarten, einen Jahrmarkt ... Jede Gruppe bespricht sich zuerst, wie sie sich beispielsweise ihre Stadt vorstellt, was ihrer Meinung nach dazugehört.

- Die Kinder können ihr Projekt zeichnerisch entwerfen, d. h. auf einen großen Bogen Papier aufmalen oder
- eine Reihe von Dingen sammeln oder herstellen, mit denen sie ihr Vorhaben gestalten können.

Am Ende setzen sich die Gruppen zusammen, und jede zeigt, erklärt und beschreibt der anderen ihr Projekt. Auch können sie „Rundführungen" für die abholenden Eltern veranstalten und ihnen ihren Entwurf zeigen und erläutern.

Kommentar: In unserer Gesellschaft erfolgt die Gestaltung der Umwelt oft ohne Berücksichtigung der Bedürfnisse der Kinder. Deshalb werden sie in diesem Spiel aufgefordert, ihren Vorstellungen von einer Stadt, einem Wohnhaus, Kindergarten, Bauernhof usw. Ausdruck zu verleihen und in einem Entwurf darzustellen.

Die gemeinsame Planung erfordert von den Kindern, aufeinander einzugehen, andere Meinungen zu akzeptieren und eigene Vorstellungen verständlich auszudrücken; also ein Thema zu erörtern und dabei Wege der Zusammenarbeit herauszufinden, die es ermöglichen, ihre Wünsche und Pläne in die Tat umzusetzen. Wichtig ist, daß jede Idee aufgegriffen und jedes Kind angeregt wird, einen aktiven Beitrag zum Projekt zu leisten.

Durch Fragen kann die Erzieherin die Kinder ermuntern, ihr Konzept bzw. ihr Werk zu erklären und zu beschreiben, und ihnen nebenbei kleine Hinweise auf wichtige Einzelheiten geben.

Eine **Übersicht** über die hier aufgeführten Spiele ist auf den Seiten 139–141 abgedruckt.

4   Gesprächskreis

Welches Medium ist wohl besser geeignet zur Förderung sprachlicher Kommunikation als das Gespräch selbst? Deshalb möchten wir neben den alltäglichen Gesprächen im Kindergarten noch einen besonderen „Gesprächskreis" vorschlagen, bei dem sich eine feste Gruppe von (etwa 6 bis 8) Kindern möglichst jeden Tag zusammensetzt, um ein bestimmtes Thema zu besprechen.

Die Anregung zu einer Gesprächsrunde mit Kindern stammt aus einem amerikanischen Projekt: The Magic Circle (H. Besell, 1974). Kinder unterschiedlicher Rasse und Herkunft lernten in einem Klima von Offenheit, gegenseitiger Achtung und liebevollem Verständnis ihre Gedanken und Gefühle auszudrücken und ihre Erfahrungen mit anderen zu teilen.

Die Idee einer Gesprächsrunde für Kinder, die hier noch neu und ungewohnt klingt, hatte in Amerika großen Erfolg. Ihre besondere Anziehungskraft besteht darin, daß neben sprachlichkommunikativen Fähigkeiten vor allem eine andere Art der zwischenmenschlichen Beziehung gepflegt und gefördert werden.

Der Gesprächskreis ermöglicht Kindern, sich selbst auszudrücken, sich mitzuteilen und zu erleben, wie andere Personen denken, handeln und empfinden. Die Beziehung der Kinder untereinander und zur Erzieherin wird bestimmt durch die besondere Umgangsform, die das Bedürfnis aller Kinder nach Achtung und liebevoller Zuwendung respektiert. Neben sozialen und kommunikativen Fähigkeiten wird hier vor allem das Selbstwertgefühl und Selbstvertrauen der Teilnehmer gefördert. Eine wesentliche Rolle spielt auch die „Metakommunikation", d. h. das Sprechen darüber, was jeder verstanden hat und empfindet. Darin sehen wir die beste Möglichkeit, Verständigung zu verbessern und andere Menschen kennenzulernen, denn über das reden, was in einem Gespräch passiert, hilft das Verhältnis von Inhalt und Beziehung zu entwirren und klarer und offener zu gestalten.

Einige Erzieherinnen, die nach diesen Anregungen einen Gesprächskreis mit den Kindern in ihrer Einrichtung ausprobierten, berichteten interessante Erfahrungen. (Ausführliche Berichte und Beispiele wurden veröffentlicht in den Arbeitshilfen Spielpädagogik 2 „Gesprächsführung"; s. Literatur.)

Die Kinder haben den Kreis als etwas selbstverständliches aufgenommen, und es war ein spannender Lernprozeß für alle. Haben die Kinder zu Beginn noch meist das Wort an die Erzieherin gerichtet, so lernten sie allmählich, ihre Gespräche selbst zu gestalten und untereinander zu führen. Die Erzieherin blieb Diskussionsleiterin, wurde für Informationen gebraucht und war natürlich auch Teilnehmerin an den Gesprächen.

Wissenschaftliche Untersuchungen, die sich mit der Entstehung des Selbstbildes bei Kindern im Vorschulalter beschäftigen, haben u. a. herausgefunden:

1. daß es sehr gut möglich ist, Kinder dieses Alters zu befragen.
2. daß Kinder dieses Alters fähig sind, differenzierte Aussagen über sich selbst zu machen,
3. daß Kinder dieses Alters in der Lage sind, ihre eigenen Ansichten über sich selbst von den vermuteten Ansichten ihrer Mütter (und damit wohl auch anderer Personen) über sie abzugrenzen (Ines Graudenz, 1974).

Solche Ergebnisse sprechen dafür, daß es möglich und

sinnvoll ist, einen Gesprächskreis für Kinder einzuführen. Je mehr Kinder als gleichberechtigte Gesprächspartner angesehen werden, je eher man ihnen einen wesentlichen Beitrag zur Lösung eines Problems eine eigene Meinung zutraut, desto eher lernen sie selbständig und selbstbewußt zu handeln und zu entscheiden. Selbstverständlich brauchen sie Informationen, Begründungen und Anleitungen, um mitreden zu können. Dabei kommt den Kindern die fortschreitende Sprachentwicklung zu Hilfe, sich immer besser auszudrücken und mitzuteilen. Daß der Gesprächskreis die sprachlichen Leistungen der Kinder weiter verbessert, konnten wissenschaftliche Begleituntersuchungen in den USA feststellen. Die teilnehmenden Kinder sprachen mehr und spontaner, ihr Wortschatz vergrößerte sich und ermöglichte es ihnen, sich genauer und ausführlicher auszudrücken.

Der Gesprächskreis bietet die Gelegenheit zu weiteren wichtigen Erfahrungen:

- Die Kinder erleben, wie andere Personen denken, fühlen und handeln, wo es Übereinstimmungen und Gemeinsamkeiten gibt und wo Unterschiede liegen.
- Die Kinder können die Sichtweise anderer Personen kennenlernen, sich in andere hineindenken und einfühlen, während ihre eigenen Gedanken und Gefühle gleichberechtigt daneben stehen.

Die Entwicklung dieser sozialen und kommunikativen Fähigkeiten wird in einem engen Zusammenhang mit der Förderung eines positiven Selbstbildes gesehen. Das Selbstbild des Kindes ist noch sehr abhängig von der Wertschätzung oder auch Geringschätzung, die es von wichtigen Bezugspersonen erfährt.

Die meisten psychischen Probleme, unter denen Kinder und Erwachsene leiden, entstehen aus mangelnden Selbstwertgefühlen und Selbstvertrauen heraus. Jedes Kind erlebt täglich Situationen, in denen die Erwachsenen unzufrieden mit ihm sind (aus welchen Gründen auch immer. Vielleicht auch nur aus Nervosität), und es hört

Sätze wie diese: „Du wirst es nie lernen!" „Kannst du nicht mal ..." „Es ist schon ein Kreuz mit dir" ... Je nach Häufigkeit und Intensität dieser Erfahrungen entwickelt das Kind ein Bild von sich. Es hält sich für klug oder eher dumm, für recht liebenswert oder unerwünscht, für freundlich, häßlich, usw.. Gerade das Vorschulalter, wo die Selbsteinschätzung und damit eng verbunden soziale, geistige und sprachliche Fähigkeiten noch sehr in Entwicklung sind, ist ein geeigneter Zeitpunkt für intensive positive Erfahrungen.

Die Gesprächsrunde, die so besonderen Wert auf die Bedürfnisse nach Zuwendung, Aufmerksamkeit und Wertschätzung legt, die den Ausdruck aller Gefühle und Gedanken akzeptiert und die Kinder vor Kritik, Spott und Beschämungen beschützt, kann zu einem unendlich wichtigen, alternativen Erlebnis werden. Genau dieser Aspekt trug wesentlich zum Erfolg des „Magic Circle" in den USA bei, wo es u. a. besonders für Kinder aus gesellschaftlichen Randgruppen eingesetzt wurde.

Als Ziele des Gesprächskreises werden angestrebt:

allgemein:

- Förderung des Selbstwertgefühls und des Selbstvertrauens;
- Entwicklung der Fähigkeit, sich selbst und andere besser kennen- und verstehen zu lernen;
- die Allgemeinheit und Besonderheit von Erfahrung kennen- und verstehen zu lernen.
- verantwortlich für das eigene Handeln werden.

speziell:

- eigene Gedanken und Gefühle erkennen, ausdrücken und mitteilen lernen – und als ganz natürlich empfinden;
- Verständnis und Einfühlungsvermögen für Gedanken, Gefühle und Verhalten anderer Menschen erwerben, ihre „Gründe" erfahren;
- anderen aufmerksam zuhören lernen;

- Gefühle und Gedanken aufgrund von Mimik, Gestik und Sprache erfassen lernen;
- Rückmeldung über das Gehörte geben können;
- Metakommunikation: Über das Gespräch selbst reden lernen (Gitta: „Das ist schön, so zu reden ..." – Udo: „Das hab' ich nicht verstanden.").

Ablauf

Die Kinder treffen sich jeden Tag etwa 15 Minuten zu dieser Gesprächsrunde, um Gedanken, Gefühle und Ideen einander mitzuteilen. Probleme, interessante Themen und Ereignisse werden diskutiert. Um jedes Kind zum Sprechen zu ermutigen, ist die akzeptierende Atmosphäre sehr wichtig, in der niemand konfrontiert oder kritisiert wird.

Einige *Grundregeln* helfen, diese Bedingungen zu schaffen und einzuhalten:

- Die Kinder werden ermuntert und angeregt, über ihre eigenen Erfahrungen zu sprechen, ohne daß sie fürchten müssen, kritisiert, belehrt oder getadelt zu werden.
- Jedes Kind erhält Anerkennung für einen Beitrag.
- Aufmerksames Zuhören ist genauso wichtig wie ein eigener Beitrag und wird entsprechend anerkannt.

Die „*Spielregeln*" kann die Erzieherin den Kindern so erklären:

- Jeder kommt an die Reihe.
- Jeder hört jedem zu, ohne zu unterbrechen, und achtet die Gefühle des anderen.
- Jeder bleibt an seinem Platz bis zum Ende der Gesprächsrunde.
- Abfällige Bemerkungen, Spott oder Auslachen werden nicht akzeptiert.
- Wenn jemand einen Einfall hat, kann er ihn allen mitteilen.

So werden die Kinder sowohl für die offene und direkte Äußerung ihrer Gefühle und Gedanken als auch fürs Zuhören von der Erzieherin und den anderen Kindern positiv verstärkt durch Aufmerksamkeit, Wertschätzung und Anteilnahme. Damit wird der Gesprächskreis zu einer guten Erfahrung und zu einem Erfolgserlebnis. Da die meisten Kinder (Leute) nicht mit solchen „Spielregeln" eines Gesprächs vertraut sind, ist es sinnvoll, diese vor jedem Gesprächskreis zu wiederholen. Werden sie im Eifer der Diskussion während der Runde vergessen, helfen sachliche Hinweise und Erinnerungen daran, sie einzuhalten. Die Erzieherin spielt die Rolle der Diskussionsleiterin.

Zur Rolle der Erzieherin

Die Erzieherin kann am besten dazu beitragen, daß die Grundregeln zu einer vertrauten Selbstverständlichkeit werden, indem sie mit gutem Beispiel vorangeht. Sie kann von sich erzählen, eine Vertrauensperson sein, die ebenfalls ihre Gedanken und Gefühle ausdrückt und nicht leichtfertig über die Äußerungen und über die Person eines Kindes urteilt. Mit Einfühlungsvermögen und Wertschätzung kann die Erzieherin die Kinder dazu ermuntern, häufiger über ihre persönlichen Erlebnisse und Erfahrungen zu sprechen, wobei sich dies in der Praxis als gar nicht so schwierig erwies. Die Kinder wollen sich mitteilen und gehen dabei ganz selbstverständlich von sich und dem, was sie bewegt, aus. Sie kommen ganz von selbst mit Themen und Problemen, die auch für Erwachsene manchmal nicht gerade leicht sind, zum Beispiel: Tod und Sterben; Unfall; wie wäre ich als Eltern.

Natürlich ist es am günstigsten, wenn sich das Verhalten der Erzieherin während der Gesprächsrunde nicht wesentlich von ihrem sonstigen Verhalten unterscheidet. Gerade das Aussprechen von Gefühlen, das ja nicht nur im Gesprächskreis vorkommt, erfordert sehr viel Feinfühligkeit und Aufmerksamkeit.

Kein Kind sollte gedrängt werden, wenn es nichts sagen
möchte, noch etwa sich ausfragt oder verhört fühlen.
Es muß seine eigene Entscheidung bleiben, was und wieviel es von sich erzählen möchte. Wintermantel/Knopf
(1976) stellten fest, daß Kinder mit einer Person, zu der
sie Zuneigung empfinden, mehr, lebhafter, direkter und
interaktionsbezogener reden, als mit jemanden, den sie
fürchten. Das spricht für die große Bedeutung einer positiven Beziehung zwischen der Erzieherin und den Kindern im Gesprächskreis.

Jede Erzieherin entwickelt mit der Zeit ihren persönlichen Stil, einen Gesprächskreis zu leiten. Es gibt keine
perfekte Art und Weise, denn alle, die Kinder und die Erzieherin, müssen zunächst mit den besonderen Bedingungen der Gesprächsrunde vertraut werden und die
Grundregeln anwenden und einhalten lernen. Fast alle,
die den Versuch wagten, konnten nach einiger Zeit feststellen, daß sich die Mühe und Geduld gelohnt hatte. Die
Kinder schätzten ihren Kreis sehr, und die Erzieherinnen
konnten interessante Fortschritte in Richtung der angege-
benen Ziele verzeichnen.

Hier noch einige Fragen, die der Erzieherin helfen können, den Ablauf eines Gesprächskreises anschließend zu
beurteilen:

- Wer war heute dran? Wer nicht?
- Hat sich ein Kind besonders gefreut?
- Fanden die Kinder den Kreis gut? Waren sie begeistert,
  beeindruckt?
- Waren die Gesprächspausen angenehm?
- Was für ein Gefühl habe ich, wenn ich an den Ge-
  sprächskreis denke?
- Mag ich diese Kindergruppe?
- Habe ich heute irgendjemand benachteiligt, zurückge-
  setzt...?
- Wen mag ich am liebsten von dieser Gruppe?
- Was gefällt mir so gut an diesem Kind?

- Welche Befürchtungen habe ich in bezug auf die Gesprächsrunde?
- Gab es ein Kind, das nicht mitmachen wollte?
- Hat mich jemand kritisiert, angemeckert?
- Gab es etwas, das mich geärgert hat? Habe ich das gesagt oder für mich selbst behalten?
- Etwas nettes, das ich jedem Kind dieser Gruppe sagen könnte ...
- Etwas nettes, das ich zu mir sagen könnte ...
- Etwas, das ich gut finde an mir ...
- Was möchte ich beim nächsten Gesprächskreis anders machen?

Themen

Natürlich eignen sich aktuelle Fragen, Interessen, Probleme oder Konflikte besonders als Thema für den Gesprächskreis. Sie werden aktuell aus dem Alltag aufgegriffen und nach den vertrauten Regeln besprochen.

Darüber hinaus möchten wir eine Reihe von Themen vorschlagen und dabei auf einige beachtenswerte Punkte hinweisen, und zwar in Form von Fragen, die als Anregung gedacht sind, um die Kinder zum Gespräch zu ermuntern.

Die Themen sind geordnet nach:

1. Gefühlen und Bedürfnissen, Interessen und Wünschen
2. Phantasien und Ideen
3. Meinungen und Ansichten
4. Fähigkeiten und Fertigkeiten
5. Problemen und Konflikten

Man kann das jeweilige Thema für die nächste Gesprächsrunde bereits am Ende der letzten vereinbaren. Dann können sich alle Teilnehmer darauf einstellen und in Gedanken darauf vorbereiten. Aktuelle Fragen, Probleme, Konflikte, Bedürfnisse haben jedoch Vorrang.

▶ *1. Gefühle, Bedürfnisse, Interessen, Wünsche*

Viele Menschen sind sich bewußt, daß sie denken, aber nicht, daß sie fühlen oder etwa, was sie fühlen. Fragt man zum Beispiel Erwachsene oder Kinder, was sie denken, wenn sie das Wort „Eltern" hören, erhält man Antworten wie: „Mama und Papa", „Leute mit Kindern" „sind manchmal schwierig" ... Fragt man jedoch, wie jemand sich fühlt, wenn er das Wort hört, wird es schwierig. Pause, Nachdenken – „ich weiß nicht ...", „gut, die holen mich nachher ab ...", „Hm ..." Jeder hat eine andere Empfindung, wenn er was Wort hört, abhängig von dem Verhältnis zu den Eltern, seinen Erfahrungen ... Ein Kind, das gerade wütend ist, weil es lieber zu Hause geblieben wäre, anstatt in den Kindergarten zu gehen, fühlt etwas anderes als ein Kind, das sehnlichst darauf wartet, abgeholt zu werden. Die Gefühle können sich auch je nach Situation sehr schnell ändern.

Es ist jedoch keine Selbstverständlichkeit, darüber zu reden. Viele Erwachsene lehnen es ab, ihre Empfindungen zu zeigen. Sie verstecken oder verleugnen ihre wahren Gefühle hinter einer „freundlichen" Alltagsmaske. Auch die Kinder, die – solange sie noch kleiner sind – ihre Gefühle lauthals und unüberhörbar äußern, lernen bald, daß „wohlerzogene Kinder" sich beherrschen, nicht „griesgrämig", nicht zu übermütig, nicht zu frech sind. Aber Gefühle hat trotzdem jeder. „Sie sind so wirklich wie der große Zeh" (A. Freed). Wo keine Möglichkeit besteht, mit jemanden darüber zu reden, sich mal auszutoben (aus Wut oder Freude), ohne sich und andere zu verletzen, wo alles „geschluckt" wird, müssen neue Ausdrucksformen gefunden werden, zum Beispiel: Kopfschmerzen, Bettnässen, übermäßiges Essen, Krankheiten, andere quälen, verprügeln oder ihnen das Leben schwer machen ... Jeder erfindet seine eigenen Umwege, mit den Gefühlen zurechtzukommen. Viele Kinder werden mit Verhaltensstörungen zu Beratungsstellen gebracht, viele Erwachsene suchen therapeutischen Rat und Hilfe.

Die Kenntnisse über die Bedeutung der Gefühle verdanken wir den Erfahrungen aus der Psychotherapie. Auf verschiedene Art und Weise beschäftigen sich ganz unterschiedliche Therapieformen damit, Gefühle wieder zu wecken und zum Ausdruck zu verhelfen.

In unserem Gesprächskreis sehen wir eine Möglichkeit, eine andere Entwicklung einzuleiten. Die Kinder lernen, mehr darauf zu achten, was in ihnen und anderen Personen vorgeht. Sie lernen eigene und fremde Gefühle kennen und damit umzugehen. Im Gesprächskreis können die Kinder erfahren, daß andere Kinder (Leute) ebenfalls Gefühle haben und diese nicht als richtig oder falsch, gut oder schlecht beurteilt werden können. Offene und klare Mitteilungen und Begründungen erleichtern die Einsicht, daß die eigene Empfindung nicht die einzig mögliche ist, sondern andere Menschen, selbst in der gleichen Situation, ganz verschieden empfinden und reagieren können.

Wichtig ist, im Gesprächskreis mit positiven Gefühlen zu beginnen. Sie lassen sich leichter aussprechen und ausdrücken und bewirken eine angenehme Atmosphäre, in der sich Vertrauen und Verständnis entwickeln. Erst auf dieser Basis wird es möglich, auch schlechte Erfahrungen und unangenehme Gefühle anzusprechen, auszudrücken und damit fertig zu werden. Ein Kind, das nicht über sich oder ein bestimmtes Gefühl sprechen möchte, hat sicherlich seine guten Gründe dafür, die es verdienen, respektiert zu werden.

Kein Kind ist gezwungen zu reden, wenn es schweigen möchte! Sich Gefühlen bewußt zu werden, sie in Gesten, Mimik, Haltung und in Worten auszudrücken, ist ein Lernprozeß. Auch Fotos können hier eine gute Vorlage sein, um über Stimmungen und Gefühle zu sprechen.

Die Kinder müssen zunächst Begriffe (Wörter) lernen für Gefühle, um nicht nur zwischen gut und schlecht unterscheiden zu können. Deshalb ist es wichtig, daß die Erzieherin neue Worte einführt, die noch unbekannt sind, sie eventuell aufschreibt, aufmalt oder wiederholt. Auch einige allgemeine Fragen und Anregungen können nachhelfen, Gefühle genauer auszudrücken, zum Beispiel:

- Wie siehst du aus, wenn du dich ... fühlst?
- Mach's mal vor (Mimik, Gesten).
- Wie sieht dein Gesicht aus, was machen die Arme, Schultern ...?
- Was fühlst du in deinem Körper?
- Ich fühle mich so ... wie ... (wer oder was?).
- Wenn du ein Pferd wärst, was würdest du tun – gallopieren, springen, austreten ...?
- Was würdest du jetzt am liebsten tun?

 **Themenvorschläge**

1. Angenehme Erinnerung

- Gibt es etwas besonders Schönes, an das ihr euch erinnert? Erzählt mal, was war da los? Wie habt ihr euch gefühlt?
- Hat jemand schon einmal etwas ähnliches erlebt? Sich ähnlich gefühlt?

2. Mein Lieblingstier

- Habt ihr ein Lieblingstier, ein Tier, das euch am besten von allen gefällt?
- Wo lebt dieses Tier? Wo kann man es sehen (in einem Buch, im Zoo, im Garten ...)?
- Wie fühlt es sich an, wenn ihr das Tier streichelt? Wenn ihr es betrachtet, davon hört, lest ...?
- Auch wenn niemand genau dasselbe fühlt, gibt es Ähnlichkeiten, Gemeinsamkeiten.

3. Mein Lieblingsessen

- Was eßt ihr am liebsten?
- Wie fühlst du dich, wenn es dein Lieblingsessen gibt?
- Wie schmeckt das? Schließt einmal die Augen, könnt ihr euch vorstellen, wie es aussieht, wie es riecht, wie es schmeckt?
- Jeder mag etwas anderes, was eßt ihr denn nicht gern?

4. Mein liebstes Ding

- Gibt es etwas, das euch ganz allein gehört und an dem ihr sehr hängt?

- Was ist das, wie sieht es aus, wie fühlt es sich an? Erzählt mal!
- Wer hat es euch geschenkt?
- Was könnt ihr alles damit machen?

5. Mein Lieblingsspiel

- Was spielst du am liebsten, erzähl einmal?
- Wer spielt das noch gern?
- Wie fühlst du dich, wenn du dieses Spiel spielst? Macht es dir Spaß zuzuschauen? Mit wem spielst du das gern?
- Wollen wir morgen alle gemeinsam das Spiel spielen?

 Oliver: „Meins? Krieg der Sterne!"
Erz.: „Ein Spiel, das du gerne spielst ...?"
Oliver: „Ja, das gibt's ... es gibt ein Spiel davon ... hab' ich auch".
Erz.: „Und das spielst du am liebsten ...?"
Oliver: „Nee, am liebsten spiele ich mit so Karten (Schwarzer Peter).
Manfred: „Ich spiel' am liebsten alle Kartenspiele, wo's gibt ... Und im Wasser ..."
Erz.: „Was ist das für ein Gefühl, wenn du so spielst?"
Manfred: „Wenn wir so zusammen spielen, dann ist das wie, als wenn der eine und der andere Freunde sind und so ..."

6. Ein lustiges Ereignis

- Könnt ihr euch an etwas Lustiges erinnern, das irgendwann einmal passiert ist?
- Was war daran so lustig? Erzählt einmal!
- Was ist das für ein Gefühl, etwas Lustiges zu erleben?
- Was habt ihr dabei gemacht?

7. Ein besonderes Geschenk

- Fällt euch etwas ganz besonderes ein, das ihr einmal geschenkt bekommen habt?
- Was war das? Wer hat es euch geschenkt? Habt ihr es noch?
- Wie sah/sieht es aus?

8. Mein Lieblingsplatz

- Gibt es einen Platz, wo ihr sehr gern seid?
- Schließt einmal die Augen und stellt euch vor, wo das sein könnte?

- Beschreibt einmal den Ort! Was ist so schön und angenehm daran?
- Wenn ihr dort seid, was seht, was hört, was riecht ihr dann?
- Wie fühlt ihr euch?

9. Meine Lieblingssendung/Lieblingsfilm

- Gibt es einen Film, eine Fernsehsendung, die euch besonders gut gefällt? Erzählt einmal!
- Wer oder was kommt darin vor, wie habt ihr euch gefühlt beim anschauen?

Hier sollte die Erzieherin darauf achten, keine negativen Urteile abzugeben, falls es zum Beispiel der letzte Freitagabendfilm war, den sie für Kinder gänzlich ungeeignet hält. Sie kann ihre Meinung sehr wohl mitteilen und auch begründen, aber die Warnung gilt Aussagen wie: „Was, so etwas siehst du dir an?“, oder andere abfällige Bemerkungen, die eigentlich den Eltern gelten! Irgendetwas hat die Kinder an „ihrem“ Film beeindruckt, und darüber läßt sich reden.

 Erz.: „Welches ist denn eure Lieblingssendung im Fernsehen?“
Micha: „Fünf Freunde!“
Thomas: „Science fiction!“
Ute: „Eine amerikanische Familie ...“
Gabi: „Tom und Jerry, das Sandmännchen.“
Thomas: „Mir gefällt Science fiction ...“
Erz.: „... und was gefällt dir daran so gut?“
Thomas: „... ist so'n Roboter. Hab' ich schon mal gesehen, mit 'ner Riesenameise ...“
Micha: „... so 'ne aufgeblasene, die is dann in New York ...“
Thomas: „Ich hab' auch Panik in New York gesehen ...“
Erz.: „Was hat dir am besten gefallen?“
Thomas: „... mit so 'nem goldenen Roboter, der war mit so 'nen Ding gelandet und ist da auf der Erde rumgemacht (erzählt den Film) ... und dann ist der Roboter ausgebrochen und hat alle zusammengehauen, die ganzen Soldaten ...“
Erz.: „... und wie haste dich da gefühlt beim zugucken?“
Thomas: „Hm, huh-huh, der kommt auf mich zu ...“
Ute: „Graf Dracula ...“
Gabi: „Doch ja, das guck' ich gerne ...“

Ute: „Jetzt bin ich dran ... da war der Graf Dracula, der sah
fürchterlich aus, der komische Idiot da ... Und dann wollt' er
so 'ne Frau beißen ... erzählt.
Nach einer Weile fauchen alle los, blecken die Zähne und
spielen Graf Dracula ...

In der Vorstellungswelt der Kinder spielen Fernseh-Filme
eine große Rolle, Eindrücke, die sie oft gar nicht verarbeiten oder begreifen können. Deshalb ist es besonders wichtig, immer wieder darüber zu sprechen. Das kann ihnen
helfen, Empfindungen zu verarbeiten. Der oben darge-
stellte Ausschnitt stammt aus einer Gesprächsrunde mit
sechsjährigen Kindern, die zum erstenmal über dieses
Thema sprachen.

10. Etwas Schönes/Interessantes

● Fällt euch irgendetwas Schönes ein?
● Etwas, das euch besonders gefällt? Das kann ein Gegen-
stand sein, ein Erlebnis o. ä.
● Wie sieht es aus, kann man es anfassen? Beschreibt einmal!

11. Etwas, auf das ich mich freue

● Gibt es etwas, auf das ihr euch jetzt besonders freut?
● Wie fühlt ihr euch beim erzählen?
● Habt ihr das schon einmal erlebt?
● Gibt es noch andere Gefühle, zum Beispiel Angst? Enttäu-
schung?

K.: Ich freue mich, weil meine Omi kommt. Die
liest mir dann immer vor und bringt mir was
mit. Das macht sie immer!
Erz.: Da freust du dich aber sehr, wenn sie bald
kommt?
K.: Ja, aber wenn sie krank wird, dann kann sie
nicht mit dem Zug fahren, sagt Mami.
Erz.: Dann bist du sicher enttäuscht und traurig, wenn sie nicht
kommt?

12. Lieblingsbeschäftigung

● Was macht ihr zu Hause am liebsten?
● Mit wem zusammen? Wie fühlt ihr euch dabei?
● Mögen wir alle die gleichen Dinge?

- Und was macht ihr hier im Kindergarten am liebsten?
- Was gefällt euch in dieser Gruppe und was gefällt euch nicht?
- Warum, könnt ihr das öfter machen?
- Wie fühlt ihr euch in diesem Moment?

13. Ein guter Freund/ eine gute Freundin

- Beschreib einmal, was du so gern an ihm/ihr hast!
- Was unternimmst du gern mit ihm/ihr?
- Kennt ihr euch schon lange?

Wenn die Kinder schon etwas vertrauter mit diesen Themen sind, über ihre Empfindungen schon reden, kann man auch bestimmte Gefühle zum Gesprächsgegenstand wählen:

14. Freude, sich glücklich fühlen …

- Wohlfühlen braucht keinen besonderen Grund.
- Was macht euch Spaß, wann und worüber freut ihr euch?
- Was könnt ihr machen, damit andere sich freuen?

Wichtig sind die kleinen Dinge und Freundlichkeiten, die wir uns gegenseitig sagen und geben können und die dem anderen mitteilen, daß er gemocht wird.

- Worüber freut sich zum Beispiel deine Mutter, deine Freundin, deine Erzieherin?
- Hast du dich heute schon über etwas gefreut?"
- Was können wir hier tun, um dir eine Freude zu machen?

Wie fühlst du dich, wenn:
- die anderen dir ein Lied singen?
- ihr alle etwas Tolles gebaut habt?
- deine Freundin dich einlädt?
- ihr richtig herumtoben könnt?

 Ausschnitte aus einem (der ersten) Gesprächskreise in einem Kindergarten.
Worüber freut ihr euch denn am meisten?
Kinder schweigen
Erz.: Na, was macht euch Spaß?
Kind: Am Sonntag in den Wald spazierengehen.
Erz.: Du gehst gern in den Wald. Gehst du denn da alleine?
Kind: Nein, mit dem Vati und der Mutti. Am Sonntag waren wir im Wald, und da haben wir ein Reh gesehen … (erzählt lebhaft).

anderes Kind: Ich hab' morgen Geburtstag.
Erz.: Aha, und da freust du dich schon drauf! ...
Kind: Ich weiß auch schon, was ich kriege ...
Erz.: Was freut dich denn am meisten, Udo? (spricht ein ganz
   schüchternes Kind an)
Udo: Wenn ich auf dem Bauteppich spiele! ...
Erz.: Wie seht ihr denn aus, wenn ihr euch freut?
Alle grinsen und lachen durcheinander ...
Erz.: Ich freu' mich, wenn ihr so alle morgens nacheinander hier
   ankommt und mir „guten Morgen" sagt.

Das Gespräch kommt langsam in Gang, die Erzieherin
spricht noch viel und fragt viel, denn der Gesprächskreis
ist ziemlich neu für die Kinder. Sie hören jedoch aufmerksam zu. Man gewinnt den Eindruck, daß es ihnen Spaß
macht und sie interessiert.

15. Wut/Ärger

Da es ungewohnt ist und gar nicht so leicht, über Wut und Ärger
zu sprechen, kann die Erzieherin den Einstieg mit einer kleinen
Geschichte erleichtern:

 Es ist schönes Wetter draußen, Klaus, Uwe und
Birgit möchten gern etwas zusammen spielen.
Uwe hat zu seinem Geburtstag von seiner Tante
einen neuen Ball bekommen. Birgit schlägt vor,
im Hof (auf der Straße, vor dem Haus) damit zu
spielen. Sie rennen hinaus und toben mit viel
Vergnügen herum. Plötzlich kommt ein Mann aus dem Haus.
Klaus kennt ihn: es ist der Hausverwalter, Herr Maier. Herr
Maier schimpft sofort los: „Was fällt euch eigentlich ein, könnt
ihr nicht lesen, daß Spielen und Toben hier verboten ist? Bei
diesem Lärm kann ja niemand in Ruhe seine Zeitung lesen!" Die
Kinder schauen sich und ihn an. „Her mit dem Ball, dann ist endlich Ruhe!" Er schnappt sich den Ball, der auf dem Boden liegt,
klemmt ihn sich unter den Arm und geht. Die Kinder hören
noch, wie er die Wohnungstür hinter sich zuschlägt. – Könnt ihr
euch vorstellen, was für ein Gefühl Klaus, Birgit und Uwe jetzt
haben?

 Stefan spielt mit seinem älteren Bruder. Sie haben gerade eine Rennstrecke für ihre Spielautos gekauft. Das war gar nicht so leicht, denn sie haben einige Kurven und Hindernisse eingebaut. Jedenfalls sind sie nun fertig und wollen ein Autorennen veranstalten, um festzustellen, welches Auto am schnellsten am Ziel ist. Da kommt die Mutter ins Zimmer und sagt mit energischer Stimme: „Stefan, für dich ist es jetzt höchste Zeit, ins Bett zu gehen. Auf, los, sag dem Papa noch gute Nacht!" – Was denkt und fühlt Stefan wohl in diesem Moment? Könnt ihr euch das vorstellen? Ist es euch auch schon einmal so gegangen?

- Habt ihr euch schon einmal sehr geärgert? Worüber?
- Was macht ihr, wenn ihr wütend seid? – Türen zuschlagen, weinen, andere verhauen, mit niemandem mehr reden …
- Fühlt ihr euch dann besser?
- Es gibt viele Dinge, die einen ärgern!
- Sagst du den anderen, wenn du wütend bist?
- Oder hast du Angst, die anderen sind dann auch sauer?
- Was kannst du tun, wenn du dich schrecklich ärgerst? Eine Möglichkeit wäre, mit einem Freund oder Erwachsenen darüber zu sprechen, mit irgendjemanden, der dir zuhört und den du magst. Eine andere Möglichkeit ist, auf den Boden zu trampeln, auf ein Kissen zu hauen, irgendetwas, das niemandem wehtut.
- Wie seht ihr denn aus, wenn ihr wütend seid? Zeigt das einmal!
- Worüber ärgern sich denn Erwachsene, zum Beispiel eure Eltern oder die Erzieherin?
- Was tun sie, wenn sie wütend sind? Schimpfen sie, toben sie?

 Ausschnitt aus einem Gesprächskreis:
Erz.: Was macht ihr denn, wenn ihr mal wütend seid?
Kind: Die Tür zuschmeißen.
anderes Kind: Ich geh' in mein Zimmer.
anderes Kind: Ich hau' ihm eine runter!
Erz.: Über wen hast du dich denn da geärgert?
Kind: Über meinen Bruder, der macht alles kaputt …
anderes Kind (leise): weinen …

16. Traurig sein

 Karl hatte einen schönen blauen Wellensittich, der oft im Zimmer herumflog und so zahm war, daß er sich manchmal auf seine Schulter setzte. Eines Tages hatte jemand vergessen, das Fenster zu schließen. Der Vogel bemerkte es als erster und flog hinaus. Da war Karl sehr traurig.

Das ist ein Beispiel. Manchmal passieren Dinge, wo Kinder traurig (manche aber auch ärgerlich) werden. Anderes Beispiel: 3 Kinder spielen zusammen und lassen ein anderes nicht mehr mitmachen, lachen es aus ...

● Fühlst du dich auch manchmal traurig? Worüber? Was ist passiert?
● Was tust du dann? – In der Ecke sitzen, weinen ...? Was kannst du tun, um dich wieder besser zu fühlen? Vielleicht etwas, was dir Spaß macht, zu jemanden gehen, den du magst und ihm sagen, worüber du traurig bist ... Was noch?
Wie siehst du aus, wenn du traurig bist?
● Macht doch einmal alle ein trauriges Gesicht!
● Könnt ihr euch vorstellen, daß die Erwachsenen manchmal traurig sind oder die Erzieherin?
● Hast du das schon einmal erlebt?

Bei diesem Spiel ist es sehr wichtig, daß sofort respektiert wird, wenn ein Kind nicht darüber reden möchte. Möglicherweise gibt es Probleme in seinem Leben, über die es nicht wagt zu sprechen oder es aus anderen Gründen vorzieht, zu schweigen. Die Erzieherin kann ihm ihre Gesprächsbereitschaft anbieten (Einzelgespräch), vielleicht faßt es dann Vertrauen und teilt seinen Kummer mit. Unter Umständen ahnt die Erzieherin auch, was das Kind bewegt und kann eine pädagogische Entscheidung treffen, ihm zu helfen. Das ist allerdings von der Situation abhängig. Da gibt es keine Patentrezepte.

17. Angst

Da viele Kinder es nicht wagen, über ihre Ängste zu sprechen, bietet sich auch hier der Einstieg über eine Geschichte an, bei der die Kinder mitfühlen können und sehen, daß auch andere manchmal Angst haben.

 Die Eltern von Uli sind in eine andere Stadt gezogen, und Uli kommt heute den ersten Tag in den Kindergarten, wo er noch niemanden kennt. Seine Mutter bringt ihn hin. Die Erzieherin sagt: „Kinder, hört einmal her! Das ist Uli, er kommt ab heute in unsere Gruppe."

Die Kinder schauen ihn an. Er hält die Hand seiner Mutter fest – alles ist ihm fremd hier: die Erzieherin, die Kinder ... Am liebsten möchte er wieder mit ihr nach Hause gehen. Könnt ihr euch vorstellen, wie Uli sich fühlt?

 Monika wartet auf ihre Großmutter, die sie heute vom Kindergarten abholen wollte. Diese traf unterwegs noch eine Nachbarin, die ihr etwas Interessantes erzählte. Nun hat sie sich verspätet. Das weiß Monika natürlich nicht. Sie sitzt da und fürchtet, ihre Großmutter hat sie vergessen ...

- Könnt ihr euch erinnern, daß ihr auch schon einmal Angst hattet? • Wann war das?
- Es gibt eine Reihe von Dingen, die Kindern Angst machen: im Dunkeln allein sein, wenn Erwachsene streiten, am ersten Tag ganz fremd im Kindergarten ...
- Was machst du, wenn du dich fürchtest?
- Versteckst du dich? Oder sprichst du mit jemandem?
- Oder hast du Angst, sie lachen dich aus?
- Oder suchst du jemanden, den du magst, der dir zuhört – eine Freundin, deine Eltern, die Erzieherin ... und sprichst mit ihnen, denn das ist gut!
- Kannst du dir vorstellen, daß Erwachsene auch manchmal Angst haben? Sie fürchten sich auch manchmal, nur zeigen sie es nicht so oft. (Hier kann die Erzieherin zum Beispiel erzählen, vor was sie sich fürchtet!)
- Wie sieht jemand aus, der Angst hat? Wie jemand, der gerade aus der Geisterbahn gefahren kommt?

Was immer die Kinder erzählen – es hat Bedeutung für sie! Sei es, daß eine Filmszene sie nachhaltig beeindruckt hat, ein Erlebnis, eine Geschichte ...

Manche Kinder ergreifen die Gelegenheit, manche nicht. Auf jeden Fall kann ein Gespräch sehr erleichternd sein. Die Kinder bleiben nicht mehr allein mit ihren unangenehmen Gefühlen.

Weitere Themen, um über Gefühle zu sprechen:

18. Ein kleiner Unfall

Das Thema eignet sich, wenn ein Kind sich beim Spielen leicht verletzt hat. Die anderen können ihre eigenen Erfahrungen mitteilen.

● Als ich mich verletzt habe ... hingefallen bin ... Finger verbrannte ...
● Welche Dinge sind gefährlich, wann muß man aufpassen?
● Was kann man als erste Hilfe tun? – Hilfe holen!
● Alle Kinder können zusammen den Verbandskasten anschauen, sich erklären lassen, wozu die einzelnen Dinge gebraucht werden.

Rollenspiele über Arztbesuche können sich anschließen.

19. Scherben

Jeder hat schon einmal etwas kaputt gemacht!
● Wie war das? Was war das? Wie ist das geschehen?
● Wie hast du dich gefühlt?
● Was haben andere dazu gemeint? (Erzieherin, Eltern, Freunde)

20. Verboten

Jeder hat gewiß schon etwas gemacht, was verboten ist!
● Traut ihr euch, etwas zu erzählen? Was war das?
● War es gefährlich? Wer hat es verboten?
● Wie habt ihr euch dabei gefühlt?

Es kann sich ein Gespräch über sinnvolle und sinnlose Verbote anschließen.

21. Krank sein

Irgendwann mußte jeder schon einmal im Bett bleiben, weil er krank war.
● Wie habt ihr euch dabei gefühlt? Wer ist gekommen?
● Was hat der Arzt gesagt und getan?

Dieses Thema eignet sich auch zum Rollenspiel, um den Kindern Gelegenheit zu geben, nicht nur sprachlich, sondern auch handelnd Erfahrungen und Empfindungen auszudrücken.

Ein anderes Thema ist: Im Krankenhaus. – Hierzu gibt es interessante Hinweise der Projektgruppe „Kind im Krankenhaus", die mittlerweile in zahlreichen Städten arbeitet.

22. Was ich mir manchmal sehr wünsche

Hier denken viele Kinder zuerst an materielle Dinge, zum Beispiel Spielzeug.

Eike: „Ein Fahrrad!"
Frank: „Weiß nicht. Ich hab' schon alles. Ich
hab' eine Laserpistole und ein Gewehr. Ich
hab' fast alles. Ich hab' so viel, oje ..."
Monika: „Ich wünsch' mir was zum schwimmen,
so Dinger am Fuß ..."

Tobias: „Flossen!"
Monika: „Ja, so was ..."

▶ *2. Phantasien / Ideen*

Die Phantasie spielt bereits bei den Spielen eine große
Rolle. Es ist jedoch auch möglich, sich über die Phantasie
einfach zu unterhalten. Bei einem solchen Gespräch
kommt es darauf an, den Kindern keine Andeutungen
oder Diagnosen aufzuzwingen, auch wenn ihre Wünsche
und Bedürfnisse sehr deutlich sichtbar werden.

Kritisierende oder negative Beurteilungen wirken sich
beeinträchtigend aus und schränken originelles Denken
und ungewöhnliche Ideen ein, denn diese lassen sich nicht
nach den Kriterien der Sachlichkeit, Richtigkeit und
Nützlichkeit bewerten. Wo dies dennoch geschieht, wo
kreativer Ausdrucksfähigkeit und Initiative kein Raum
gelassen wird, werden die Kinder wesentlicher Bestand-
teile ihrer Denk- und Handlungsfähigkeiten beraubt. Ihnen bleibt nur angepaßtes, in vorgegebenen Bahnen
verlaufendes Denken und passives Handeln ohne eigene
Initiative und Interessen. Dabei wurde in wissenschaftlichen Untersuchungen u. a. festgestellt, daß intensives,
phantasievolles Erleben ohne hilfreiche Möglichkeit ist,
zum Beispiel unangenehme Erfahrungen zu bewältigen.

Der Gesprächskreis mit seiner Atmosphäre der Geborgenheit und Ermutigung ist besonders geeignet, den Ausdruck von phantasievollen Gedanken und Ideen zu
unterstützen. Die Kinder haben viel Spaß an ungewöhn-
lichen Einfällen. Diese Freude an ihren schöpferischen Fä-

higkeiten zu fördern, schafft die Voraussetzung für eigenständiges, produktives Denken und zu verändernden Ideen. In diesem Sinn sind unsere Themenvorschläge gedacht.

 **Themenvorschläge**

23. Wovon ich manchmal träume

24. Wenn ich alles tun könnte, was ich wollte

25. Wenn ich mal für einen Tag unsichtbar wäre

26. Wenn ich zaubern könnte

27. Wenn ich fliegen könnte

28. Wenn ich ein Tier wäre – (Welches Tier wäre ich dann? Wo würde ich leben? Mit wem? Was würde ich essen?)

29. Wenn ich groß wäre – („Lieber nicht, dann muß ich so viel arbeiten!")

30. Wie ich als Vater, Mutter oder Erzieherin wäre – (Was würdest du alles tun, was würdest du anders machen?)

21. Was ich einmal furchtbar gern tun würde

32. Eine ganz verrückte Geschichte, die mir einfällt

33. Lügengeschichten erzählen – (Man sollte ja eigentlich immer die Wahrheit sagen, aber heute kommt es einmal darauf an, wer besonders gut lügen kann!)

▶ *3. Meinungen und Ansichten*

Viele Erwachsene glauben, Kinder hätten noch keine eigene Meinung. Sie haben sehr wohl eine, wenngleich sie bisweilen so unbequem ist, daß ihnen das Recht darauf vorsichtshalber abgesprochen wird. „Davon verstehst du noch nichts!", oder: „Kinder haben den Mund zu halten, wenn Erwachsene reden …"! usw.

Auch wenn ihnen noch wesentliche Informationen und Kenntnisse fehlen und sie noch nicht über die logischen Denkfähigkeiten der Erwachsenen verfügen, sollten die Kinder als Gesprächspartner mit eigenen Ansichten ernstgenommen werden. Im Gesprächskreis ist dies der Fall. Hier interessiert sich jeder für die Meinungen und Ansichten des anderen. Damit bietet sich hier eine gute Übungsmöglichkeit für die Kinder, ihrer Meinung Ausdruck zu verleihen. Vielleicht trägt das positive Erlebnis in der Gesprächsrunde dazu bei, daß sie sich auch außerhalb nicht mehr so leicht einschüchtern lassen, eine eigene Ansicht zu vertreten. Das hängt natürlich sehr von den Lebensbedingungen des einzelnen Kindes ab.

Als Zuhörer lernt es, neben dem eigenen Standpunkt auch die Sichtweise anderer wahrzunehmen, sich gedanklich in die Lage anderer Personen zu versetzen. Diese Fähigkeiten entwickeln sich im Vorschulalter.

Als Gesprächsteilnehmer erlebt das Kind, daß unterschiedliche Meinungen zu einer Fragestellung möglich sind. Es kann abwägen lernen, Argumente prüfen, seine Meinung ändern oder darauf bestehen und akzeptieren lernen, daß verschiedene Ansichten nebeneinander bestehen können. Diese Gespräche sind außerdem gute Übungsmöglichkeiten für situationsunabhängiges Sprechen. Das Sprechen über verschiedene Sachverhalte und Probleme hilft dem Kind, sich allmählich von der konkreten, anschaulichen Situation zu lösen. Über etwas zu sprechen, das nicht unmittelbar greifbar oder sichtbar ist, sondern über abstrakte Vorgänge, Pläne usw. regt neue Formen des Denkens an und erfordert kompliziertere sprachliche Ausdrucksformen (z. B. Zukunftsformen).

Bisweilen fehlen den Kindern wichtige Kenntnisse über ein Thema (zum Beispiel: gesetzliche Schulpflicht – alle Kinder müssen in die Schule ...); deshalb ist es hier erforderlich, daß die Erzieherin die notwendigen fehlenden Informationen beisteuert. Teilweise geben sich die Kinder gegenseitig Anregungen und Informationen, ergänzen einander durch ihren unterschiedlichen Wissensstand. So kannte zum Beispiel ein Junge mit fünf Jahren fast sämtliche Autotypen, jedenfalls mehr als die anwesenden Erwachsenen.

Die Kinder müssen im Alltag oft erleben, daß einfach über sie verfügt wird. Nach ihrer Ansicht werden sie gar nicht gefragt, deshalb müssen sie andere Wege finden, sich zu wehren (zum Beispiel Trotz) oder sie geben auf. Wenn auch bei den folgenden Gesprächsthemen sich nicht immer Konsequenzen ergeben, sondern es lediglich beim Gespräch bleibt (zum Beispiel die Wohnung kann nicht umgeräumt werden), so haben die Kinder die Chance, eine eigene Meinung dazu entwickeln zu können. Sie erleben das Recht auf eine eigene Ansicht. Manche Gespräche erleichtern die Einsicht, zum Beispiel in sinnvolle Verbote, und sie erfahren, daß es anderen Kindern ähnlich geht (die müssen auch ins Bett).

Verändernde Handlungsmöglichkeiten sind für Kinder in unserer Gesellschaft begrenzt. Daß Kinder zum Beispiel gemeinsam ein Verbotsschild wegbringen können („Spielen auf der Wiese untersagt"), geschieht selten. Sie sind abhängig von der Unterstützung der Erwachsenen. Der Gesprächskreis soll helfen, daß das Gefühl, ein Recht auf eine eigene Meinung zu haben, nicht verloren geht.

 **Themenvorschläge**

34. Strafe

- Dürfen Erwachsene Kinder strafen?
- Dürfen sie schlagen?
- Darum strafen Eltern und Erzieher manchmal?
- Wie findet ihr das? Was könnt ihr dagegen machen?
- Was können die Eltern anders machen?
- Wie fühlen sich die Kinder?

35. Verbote

- Warum gibt es Verbote?
- Welche Verbote sind sinnvoll, welche unsinnig?
- Für wen sind die Verbote gemacht?

Hier ist es manchmal erforderlich, den Kindern Begründungen und Informationen über Folgen, gefährliche Momente u.ä. zu geben, zum Beispiel warum der Arzneischrank gefährlich ist, wozu manche Verbote im Straßenverkehr sinnvoll sind ..., aber auch, weshalb manche Verbote, wie zum Beispiel Lärm machen, im Hof spielen, usw. Ausdruck reiner Willkür bestimmter Leute sein können. Fast alle Kinder haben bereits Erfahrungen mit Verboten gemacht, die sie verstanden haben oder auch nicht.

36. Sollten Kinder früh ins Bett gehen?

37. Was würdet ihr ganz anders machen als die meisten Erwachsenen?

38. Was haltet ihr von Aufräumen und Ordnung?

39. Was ich werden möchte – Jeder kann seine Vorstellungen und Berufswünsche nennen, auch wenn manche eher phantastisch als wirklich klingen (Indianer).

- Wie stellt ihr euch die Arbeit vor?
- Was gefällt euch so besonders daran?
- Was mußt du lernen?
- Was mußt du besonders gut können?

Die Kinder können Vor- und Nachteile eines Berufes miteinander besprechen, neue Aspekte erfahren und zum Nachdenken angeregt werden!

 Ein Kind sagt: „Bäcker, dann kann ich süße Kuchen essen, wenn ich will." Erz.: „Bäcker müssen sehr früh aufstehen!"
Kind: „Ich steh' nicht gern früh auf!"
Ein anderes Kind: „Ich war da mal bei meinem Onkel, der hat Brot gemacht!"
Erz.: „Erzähl' mal, wie er das gemacht hat ..."

Beruf der Eltern: Die Kinder können über die Berufe und Hobbys ihrer Eltern erzählen und berichten: Ob sie mit vielen anderen Leuten zusammen arbeiten, ob sie schwere körperliche Arbeit leisten müssen ... Was sie evtl. herstellen, ob sie morgens früh aufstehen müssen u. v. m. Dieses Thema kann einige Zeit vorher vereinbart werden, so daß alle Kinder ihre Eltern noch genau befragen können.

Auf diesem Weg lernen die Kinder die oft unbekannte Arbeitswelt ihrer Eltern kennen. Sie werden angeregt, mit ihren Eltern über die angenehmen und unangenehmen, problematischen Seiten der Arbeit zu sprechen und mehr Verständnis für ihren berufstätigen Vater oder Mutter zu gewinnen.

Eine Umfrage ergab, daß sich 5jährige Kinder durchaus für den Beruf ihres Vaters interessieren und die Mutter fragen: „Wo geht der Papa jeden Morgen hin?" Sie waren neugierig, was er da macht, warum das jeden Tag sein muß ...

Vielleicht ergibt sich die Möglichkeit zu einem Ausflug, um einen Arbeitsplatz zu besichtigen (Bauernhof, Fabrik, Bäcker ...) oder eine Mutter/Vater kommt zu Besuch in den Kindergarten und berichtet über ihre/seine Tätigkeit. Die Erzieherin kann den Kindern berichten, wie sie zu ihrem Beruf gefunden hat, welche Pläne sie als Kind hatte, wie sich ihre Vorstellungen geändert haben und was ihr an ihrem Beruf besondere Freude macht, was sie manchmal schwierig findet ...

40. Wie sollte eine Wohnung eingerichtet sein? – Wie stellt ihr euch eine Wohnung vor, in der Kinder sich wohlfühlen?

41. Wie stellt ihr euch eine Stadt vor, in der Kinder sich wohlfühlen? – Dieses Gespräch kann sich an das Gestaltungsspiel (36) anschließen oder diesem vorangehen.

42. Findet ihr es richtig, daß Jungen in der Puppenecke und Mädchen mit Autos spielen? – Daß Jungen genauso wie Mädchen manchmal beim Tischdecken, Abwaschen und Aufräumen helfen oder daß Mädchen Fußball spielen?

43. Was sollte im Kindergarten anders sein? – Kritik und Anregungen sollen den Kindern eine Möglichkeit geben, Einfluß auf die Gestaltung ihres Kindergartenalltags zu nehmen.

▶ *4. Fähigkeiten und Fertigkeiten*

Aus der Forschung zur Leistungsmotivation ist bekannt, wie wichtig die Einstellung zu den eigenen Fähigkeiten ist. Diese Einstellung wird sehr früh durch die Umwelt beeinflußt. Die Einflüsse lassen sich nach Heckhausen in 3 Hauptaspekte einteilen, die wiederum in Wechselwirkung miteinander stehen:

1. Anregungsgehalt der Umwelt (soz. Kontaktmöglichkeiten, sachliche Umwelt, Spracherziehung);
2. Anforderungen und Anspruchsniveau der Eltern (Selbständigkeitserziehung);
3. Gehäufte Erfolgs- und Mißerfolgserfahrungen.

Mit vier Jahren hat das Kind einen geistigen Entwicklungsstand erreicht, der Voraussetzung ist für Selbstbewertungsprozesse. Damit kann es mit Blick auf ein Ergebnis die eigene Tüchtigkeit oder Untüchtigkeit verantwortlich machen. Ein pädagogisches Ziel des Gesprächskreises ist daher die Förderung angemessener Selbstbewertungsprozesse. Die Gespräche in der Gruppe bieten den Kindern die Möglichkeit, hier positive Erfahrungen machen zu können. Erfolgserlebnisse verhelfen ihnen zu der Einstellung, daß sie etwas leisten können und sich ihrer Fähigkeit, zu denken, zu entscheiden, zu handeln u. ä. bewußt werden.

Die Wertschätzung der Person des Kindes bewirkt, daß die Angst, zu versagen, in den Hintergrund tritt. Jedem Kind soll Gelegenheit zur Entwicklung einer individuellen Bezugsnorm gegeben werden neben dem Aufbau und der Festigung sachlicher und sozialer Bezugsnormen.

Individuelle Bezugsnormen bedeutet:

- Das Kind lernt, sich selbst angemessene Ziele zu setzen; es lernt, nicht zu viel oder zu wenig von sich selbst zu erwarten;
- seinen Anspruch nach der jeweiligen „Aufgabe" zu richten, daß es das eine besser kann als das andere;
- Erfolge und Mißerfolge angemessen begründen, d. h. zum Beispiel nicht Erfolg glücklichen Umständen und Mißerfolg mangelnden Fähigkeiten zuschreiben.

Besonders wichtig ist die Förderung einer angemessenen sozialen Bezugsnorm im Vorschulalter. Im Kindergartenalltag wird die eigene Leistungsfähigkeit zunehmend mit der von Spielgefährten verglichen. Für die Entwicklung eines positiven Selbstbildes und zur Vermeidung von Mißerfolgsängsten empfiehlt es sich besonders, eine von Konkurrenz geprägte Lernatmosphäre zu vermeiden. Dort besteht die Gefahr, daß die „Schlechten" eine sehr negative Einstellung zu sich, ihren Fähigkeiten und Leistungen erwerben. Zwar müssen die Kinder lernen, Unterschiede zu anderen zu ertragen, jedoch gleichzeitig auch ein positives Selbstbild gewinnen. Das schließt mit ein, auch Fehler eingestehen und ertragen zu lernen nach dem Motto: Niemand ist perfekt!

Der Gesprächskreis bietet hierzu die Gelegenheit. Durch die freundliche, wertschätzende Art des Umgangs miteinander, erhält jedes Kind positive Bekräftigung für seine Fähigkeiten und Fertigkeiten. Es wird ermuntert, Eigeninitiative zu entwickeln, denn das Erleben seiner Wirksamkeit fördert die innere Motivation und Selbstbewertung.

 **Themenvorschläge**

44. Als ich einmal eine gute Idee hatte

45. Was ich schon kann

● Fähigkeiten und Fertigkeiten aus dem *Alltagsablauf:* Mantel allein anziehen, Tisch decken, Schuhe zubinden ...
Wichtig dabei ist, daß für *alle* Kinder etwas gefunden wird und nicht ein Kind hervorgehoben wird.
● *Im musischen Bereich,* wie Puzzle legen, Lego bauen, malen, singen
● Im Bereich des *Wissens,* wie die Wochentage, Blumen, Alter, Anschrift ...

46. Als ich einmal etwas Gutes getan habe

47. Ein kluger Einfall

48. Ein kluger Gedanke

49. Als ich einmal Pech hatte – Dabei wird den Kindern deutlich, daß es ganz natürlich ist, manchmal Fehler zu machen; jeder macht mal etwas falsch, und es ist selten tragisch.

50. Ein kleines Mißgeschick – Es kann auch sehr erleichternd sein, über kleine Mißerfolge und die Gefühle dabei zu sprechen und evtl. zu erleben, daß anderen auch so etwas passiert.

Wenn die Erzieherin besondere Fähigkeiten eines Kindes kennt oder sich an ein Mißgeschick erinnert, kann sie dem Kind helfen. Besonders wichtig ist, daß keine Konkurrenz entsteht. Es geht hier im Gesprächskreis nicht um den Be-

sten oder Klügsten, sondern darum, daß jedes Kind die
Möglichkeit erhält, zu berichten, was es kann und sich zutraut, um Selbstvertrauen zu entwickeln.

▶ *5. Probleme und Konflikte*

Wir wollen hier nicht auf Theorien zur Problemlösung
eingehen, sondern uns mit der Rolle der Sprache beschäftigen, bzw. wie das Lösen von Problemen und Konflikten
mit Hilfe der Kommunikation innerhalb des Gesprächskreises geübt werden kann.

a) Probleme: Betrachten wir zunächst Probleme, die auftauchen, wenn im Rahmen der Auseinandersetzung mit
der dinglichen Umwelt Schwierigkeiten auftreten, wenn
beispielsweise ein Kind ratlos vor einem Baukasten sitzt
und nicht weiß, was es überhaupt damit machen soll; oder
es möchte damit ein Haus bauen, aber an einer bestimmten Stelle fällt alles wieder zusammen.
   Ursache für solche Probleme können äußere Umstände
sein: Material fehlt, Zeitnot, das Kind möchte noch
schnell etwas bauen, usw. ..., oder aber auch Mangel an
Fähigkeiten, Erfahrungen, Wissen. Zunächst einmal bieten sich drei Möglichkeiten an:

1. Das Kind gibt auf, resigniert und wendet sich anderen
   Dingen zu.
2. Das Kind bewältigt das Problem alleine. Es probiert
   aus, denkt nach, kombiniert ... und spricht meist leise
   vor sich hin, d. h., es kommentiert seine Handlungen.
3. Es findet einen Partner, der ihm hilft oder mitspielt.

Helfen: Ein Kind kommt nicht allein zurecht und bittet ein
anderes (oder die Erzieherin) um Hilfe. Es ist aber auch
möglich, daß die Erzieherin (oder andere) sehen, daß das
Kind sich abmüht und ihm von sich aus Hilfe anbieten.
Sie stellen ihre Kenntnisse und Fähigkeiten zur Verfü-
gung und geben dem Kind Unterstützung, ohne Gegen-
leistungen zu erwarten.

Kooperation: Zwei oder mehr Kinder arbeiten zusammen, um ein Ziel zu finden oder zu erreichen, zum Beispiel: Sie einigen sich, wohin der Ausflug gehen soll, oder sie bauen gemeinsam eine große Burg (oder Stadt; s. Spiele). Sie unterstützen sich freundschaftlich, um gemeinsame Interessen zu verwirklichen. Dabei können sie u. U. die Erfahrung machen, daß alle zusammen mehr erreichen können, als ein Kind alleine.

Zunächst geht es vor allem darum, ein Problem zu erfassen und zu bezeichnen, Absichten und Ziele zu formulieren und zu begründen. Danach läuft ein solches Gespräch ab, wie vom Gesprächskreis her allen bereits bekannt ist. Jeder stellt seinen eigenen Standpunkt dar (was er weiß, möchte ...) und hört den anderen genau zu. Anschließend können Übereinstimmungen und Unterschiede festgestellt werden. Entweder stellt sich heraus, daß mehrere Lösungsmöglichkeiten (Meinungen) nebeneinander stehen können oder daß ein Kompromiß gefunden werden muß, dem alle weitgehend zustimmen können. Das beinhaltet für einige Kinder ein Abweichen von der eigenen Meinung und Anerkennung einer anderen Lösung, oder aber ein Stehen zur eigenen Meinung und ein Durchsetzen seiner Interessen. Stehen sich verschiedene Interessen gegenüber, sprechen wir von einem Konflikt. Doch zunächst einige Beispiele und Themen zum Problemlösen im Gesprächskreis.

 **Themenvorschläge**

51. Das war schwierig – Die Kinder berichten über ein Vorhaben, das ihnen zu Beginn schwierig erschien und das sie dann doch erfolgreich gemeistert haben. Es empfiehlt sich, hier direkt am Alltag anzuknüpfen. Ein Kind wollte zum Beispiel etwas von einem Schränkchen herunterholen und war zu klein, um hinaufzureichen. Es kam auf die Idee, sich einen Stuhl zu holen.

52. Als ich jemandem geholfen habe – Das Gespräch kann anknüpfen daran, daß ein Kind seinem kleineren Geschwisterchen – oder einem jüngeren Kind beispielsweise beim Anziehen geholfen hat. Oder die Kinder können berichten, ob sie manchmal zu Hause helfen usw. ... Solche Gespräche können Kinder zur Hilfsbereitschaft ermuntern.

• Wem hilfst du manchmal?
• Was ist das für ein Gefühl, jemandem zu helfen?

53. Als mir jemand geholfen hat – Manchmal braucht jeder die Hilfe eines anderen. Es ist wichtig, einen Erwachsenen oder ein(en) Kind/Spielgefährten darum zu bitten.

• Wie fühlst du dich, wenn dir jemand hilft?
• Wen kannst du um etwas bitten?

 Tino bemüht sich schon seit einiger Zeit, einen Turm aufzubauen. Er fällt immer wieder um. Marco sieht es und rückt die unteren Steine so zurecht, daß sie ein sicheres Fundament abgeben. Jetzt kann Tino weiterbauen. Er strahlt Marco an, der schon mehr über statische Gesetze wußte, als er ...

Oder: Udo war auf der Toilette, und nun hat er Schwierigkeiten, seine Hose wieder zuzuknöpfen. Er bittet die Erzieherin, ihm zu helfen. Kindern fällt es allgemein nicht schwer, zu bitten. Indem über diese kleinen Begebenheiten im Gesprächskreis „offiziell" gesprochen wird, werden sie bewußter, selbstverständlicher und mit mehr Aufmerksamkeit betrachtet.

54. Verlaufen

 Eva geht mit ihrer Mutter einkaufen. Sie schaut sich begeistert die Schaufenster an. Ihre Mutter hat es eilig. Als sie wieder einmal stehen bleibt, um einige Dinge zu betrachten, bemerkt sie plötzlich, daß die Mutter nicht mehr da ist. Was kann Eva jetzt tun? Wen kann sie fragen, um Hilfe bitten ...?

55. Verloren

 Peer bemerkt plötzlich, daß seine Frühstückstasche weg ist. Er kann sich nicht mehr erinnern, ob er sie auf dem Weg zum Kindergarten irgendwo abgelegt hat. Möglich ist es schon, denn er hat noch mit anderen Kindern unterwegs gespielt. Vielleicht hat er sie aber auch

hier im Kindergarten aus Versehen irgendwo abgelegt und vergessen.

● Was kann Peer nun tun?
● Wen kann er um Hilfe bitten …

Uwes Mutter arbeitet noch, wenn er nach Hause kommt, deshalb hat er einen Schlüssel. Als er neulich zu Hause ankommt, kann er ihn nicht finden. Was nun? Die Tür ist fest verschlossen …

56. Fremd

 Micha ist heute zum ersten Mal im Kindergarten. Er kennt noch niemanden. Nachdem er sich eine Weile umgeschaut hat, bekommt er Lust, mit einigen Kindern zusammen auf dem Bauteppich zu spielen. Sie bauen gerade ein Hochhaus.

● Wie kann er es wohl anstellen, die Kinder kennenzulernen?

57. Kooperation

● Was machen, spielen, besprechen wir morgen?
● Wo gehen wir beim nächsten Ausflug hin?
● Was können wir den Eltern beim nächsten Fest vorspielen?
● Wie gestalten wir unser nächstes Kindergartenfest?
● Wir bauen zusammen eine Stadt (siehe Spiel Nr. 35)
● Als wir die große Burg gebaut haben …
● Wen könnten wir einmal einladen?

b) Konflikte: Von einem Konflikt (soz. Problem) kann man sprechen, wenn verschiedene Interessen gegeneinander stehen. Hier entsteht das Problem in der Beziehung zwischen zwei (oder mehreren) Personen.

So wurden in einem Kindergarten folgende Konflikte zwischen Kindern beobachtet:

– Zwei Kinder möchten mit einem Spielzeug gleichzeitig spielen;
– ein Kind nimmt einem anderen etwas weg;
– ein Kind schlägt ein anderes, bzw. greift es körperlich an (stößt, tritt, beißt, boxt, reißt an den Haaren …);

– ein Kind stört ein anderes oder eine Gruppe von anderen beim Spielen;
– einige wollen ein Kind nicht mitspielen lassen;
– ein Kind zerstört absichtlich oder aus Versehen etwas,
  das andere gebaut haben;
– ein Kind verhält sich anders, als vorher vereinbart (zum
  Beispiel spielt eine andere Rolle);
– ein Kind möchte immer die Hauptrolle spielen
und vieles mehr.

Außerdem kann es zu Interessenkonflikten zwischen den
Kindern und der Erzieherin kommen, zum Beispiel:

– beim Aufräumen (die Kinder räumen nicht wie erwünscht auf);
– die Kinder möchten spielen, die Erzieherin ruft zum
  Frühstück o. ä.;
– ein Kind hält bestimmte Grenzen nicht ein: Beschädigen oder Zerstören der Einrichtung, körperlicher An-
  griff gegen die Erzieherin, verläßt den Kindergarten ...
– die Kinder wehren sich gegen zu starke Lenkung oder
  unbegründete Maßnahmen (zum Beispiel still zu sein,
  zu einem bestimmten Zeitpunkt zu frühstücken ...);
– die Kinder ärgern sich über Ungerechtigkeiten, Bevor-
  zugungen oder Benachteiligungen.

Es wurde schon sehr viel über Konfliktlösung in der Erziehung geschrieben, deshalb soll hier nicht näher auf allgemeine Gesichtspunkte eingegangen werden. Vielmehr
interessiert uns die Frage, welche sprachliche und nicht-
sprachliche Fähigkeiten erforderlich sind, um Konflikte
konstruktiv, ohne Sieger und Verlierer, zu lösen. Zur Klä-
rung dieser Frage gilt es herauszufinden, wie Kommunikation zwischen den Personen zur Entstehung, Aufrecht-
erhaltung oder Lösung eines Konfliktes beiträgt. Dieser
Kommunikation gilt unsere besondere Aufmerksamkeit.
  Zu den unwirksamen, aber verbreiteten Arten, Konflikte auszutragen, kann man streiten, beschuldigen, beschimpfen, beleidigen, verraten, bloßstellen, drohen,

prügeln, auslachen, Haß und Abneigung zeigen, zählen. Diese Verhaltensweisen verleiten die Erzieherin dazu, sofort einzugreifen und zu schlichten. Einer behält recht, oder beide „Parteien" werden ermahnt und getadelt ...

P.: „Die Sabine hat mir mein Auto weggenommen! Ich hab' es zuerst gehabt ..."

Erz.: „Sabine, was ist denn los? Könnt ihr nicht mal 5 Minuten ruhig zusammen spielen, ohne zu streiten?"

S.: „Der P. hat mich aber gehauen!"

Erz.: „Laß' ihn doch auch in Ruhe, du weißt doch, daß er immer gleich zuhaut. Los ab, gib ihm das Auto wieder und dann spielt jeder für sich!"

Die Erzieherin ist ärgerlich, der Streit und die undankbare Richterrolle gehen ihr auf die Nerven, Peter hat zwar sein Auto wieder, aber er sitzt mißmutig damit da. Sabine schnüffelt gekränkt vor sich hin und setzt sich unlustig in eine Ecke.

Eine andere, aber ebenso unwirksame Art, einen Konflikt zu lösen, besteht darin, sich einfach zurückzuziehen. In diesem Falle hätte Peter resigniert Sabine das Auto überlassen und sich still und bedrückt etwas anderem zugewandt. Kinder, die gehemmt sind, ihre berechtigten Interessen wahrzunehmen, neigen dazu, einer Auseinandersetzung auszuweichen, vorzeitig aufzugeben, lieber allein zu spielen. Sie fühlen sich deprimiert, ängstlich, traurig, wütend auf sich selbst usw. ...

Beide Versionen, auf einen Konflikt zu reagieren: aggressiv oder ausweichend, gehen zurück auf mangelndes Selbstvertrauen und Selbstwertgefühl und sind verbunden mit bestimmten Kommunikationsschwierigkeiten. „Ihre" Art, problematische Situationen zu bewältigen, erwerben die Kinder schon sehr früh, durch Modell-Lernen oder durch die Reaktion der Umwelt auf ihre Verhaltensweisen. Sie lernen, daß sie mit aggressivem Handeln gegen andere Personen (schlagen, beschimpfen ...) „Erfolg" haben. Sie verlernen, ihre Wünsche, Gefühle und Intentionen offen zu äußern, da diese besonders von den

Erwachsenen nicht akzeptiert wurden. Sie passen sich der
Situation an, um unangenehme Erlebnisse zu vermeiden,
benehmen sich „brav" und geben auf, ihre Interessen
wahrzunehmen und eigene Absichten zu verfolgen.

Die meisten Erwachsenen haben eine entsprechende
Lerngeschichte und bieten ihrerseits ungünstige „Mo-
delle" für die Kinder.

In vielen Familien werden schwelende Konflikte nicht
ausgetragen, Gespräche über die Eltern-Kind-Beziehung
sind tabu. Aus diesen Gründen ist die Einrichtung eines
Gesprächskreises sehr wichtig und hilfreich, denn hier
können die Kinder lernen, mit Konflikten umzugehen.
Aktuelle Anlässe bieten sich besonders an, um im Kreis
darüber zu sprechen, welche Lösungsmöglichkeiten es
gibt, bei denen sich alle Beteiligten gut fühlen können.
Diese Gespräche umfassen sehr viele Ziele aus anderen
Bereichen:

– Eigene Gefühle, Wünsche, Bedürfnisse wahrnehmen
  und ausdrücken; diejenigen der anderen Kinder erken-
  nen und akzeptieren;
– Eigene Meinungen artikulieren und vertreten, andere
  Ansichten anhören;
– Gründe und Ursachen für das eigene und das Verhalten
  anderer Kinder erfahren; vor allem durch Zuhören,
  Einfühlen und Hineindenken;
– Phantasie einsetzen, um neue Lösungsmöglichkeiten
  zu finden.

Im Gesprächskreis wird vor allem *über* Konflikte, d. h.
über Beziehungen, über Auswirkungen, Folgen und Ursachen bestimmter Verhaltensweisen gesprochen. Die besondere Atmosphäre, die jedes Kind akzeptiert, nicht
verurteilt und ihm einen wichtigen Beitrag zutraut, fördert konstruktive Lösungen! Hier können die Kinder lernen, eigene Interessen wahrzunehmen und zu vertreten,
ohne daß ihnen jemand das Recht darauf streitig macht.
Sie können ebenso lernen, nachzugeben, etwas einzuse-
hen, ohne sich als Verlierer fühlen zu müssen. Vielleicht

erleichtern ihnen diese Erfahrungen, auch dann nicht zu resignieren oder aggressiv zu werden, wenn sie mit Menschen zusammentreffen, die Konflikte nicht konstruktiv lösen. Sie vermögen wahrzunehmen, was geschieht, ohne sich hilflos ausgeliefert zu fühlen, können eine Entscheidung für sich treffen (evt. diese Person meiden, wenn das möglich ist) oder den Konflikt auszuhalten (zum Beispiel wenn Interessen unvereinbar sind).

 **Themen für Konfliktgespräche**

58. Alle aktuellen Anlässe

 Bei einem Besuch im Kindergarten ereignete sich folgende alltägliche Szene: Ein Junge weint. Die Erzieherin geht auf ihn zu und fragt ihn, was ihm fehle.

Udo: Ich habe hier gespielt, die Ilse hat den Wagen einfach weggenommen!

Erz. (zu Ilse, die in der Nähe steht): „Ilse, was ist passiert?"

Ilse: „Ich wollte spielen, der Wagen stand da so …"

Als Udo zuvor den Puppenwagen zurückhaben wollte, hatte es eine kleine Rempelei gegeben, worauf er in Tränen ausbrach. Die Erzieherin entfernte sich, Udo liefen noch die Tränen, Ilse stand herum. Eine andere Erzieherin hatte die Szene beobachtet und fragte Udo, ob ihm die Backe noch weh täte (sie war rot): Er verneinte! Ihr kam die Idee, daß diese „Verletzung" wohl nicht die Ursache für die Tränen sei. Sie geht zu Ilse, die zu Udo schielt, und spricht sie an: „Jetzt geht es dir nicht so gut … hast du eine Idee, was du tun könntest, damit es euch beiden wieder besser geht?" Ilse denkt einen Moment nach und sagt: „Ich frag' ihn, ob er mit mir spielt!" „Das ist eine gute Idee!" Sie geht zu Udo und bringt ihr Anliegen vor. Wenige Minuten später sind sie in ein gemeinsames Spiel vertieft. – Das Problem ist zur Zufriedenheit aller gelöst. Als wir kurz danach noch einen Blick auf die beiden werfen, im Begriff, den Raum zu verlassen, schaut Udo auf und blinzelt uns mit einem Auge ganz fröhlich zu.

Am gleichen Morgen schlägt die Erzieherin als Thema des Gesprächskreises **Streiten um Spielzeug (59)** vor. Sie beschreibt den Kindern eine Situation, die häufig vorkommt: Zwei Kinder bauen mit Lego, und nun brauchen beide einen Eckstein. Es gibt aber nur einen! Was tun? Nach anfänglichem Zögern kommt das Gespräch in Gang, und die Kinder schlagen Lösungen vor: Zusammen ein Haus bauen, nachschauen, ob noch irgendwo ein Eckstein herumliegt, in einer anderen Gruppe fragen; einer baut etwas anderes und verzichtet auf den Eckstein ... Es kommen sehr interessante Vorschläge, die Kinder sind engagiert beim Gespräch.

Natürlich kann man nicht erwarten, daß kein Streit mehr entsteht, aber solche Gespräche können als Anfang betrachtet werden, zu lernen, über eine schwierige Situation zu sprechen und sie zur Zufriedenheit aller zu lösen, anstatt zu schlagen, schimpfen ... Je selbständiger die Kinder dabei werden, desto eher entlastet es die Erzieherin in ihrer oft undankbaren Schiedsrichterrolle.

 **Weitere Themen**

60. Ein Kind nimmt einem anderen etwas weg (das Frühstücksbrot, Bonbons, Spielsachen ...) – Anne hat heute ein Stück Kuchen dabei. Fritz mag sein Brot nicht. Er schnappt sich den Kuchen und legt sein Brot hin. Was nun? – Robert hat eine Tüte Bonbons. Da kommt Fritz und schnappt sie ihm weg und gibt sie nicht mehr her. Er tritt sogar nach den anderen Kindern, die sie ihm wegnehmen wollen.
● Was könnte Robert tun?
● Warum macht Fritz das wohl?

61. Einmischen und abweisen – Eine Gruppe Kinder spielt gerade zusammen, sie wollen niemanden mehr mitmachen lassen und weisen Erich ab. „Hau ab, wir brauchen niemand mehr!" Erich will aber trotzdem mitspielen.

● Was können die Kinder, was kann Erich tun?

62. Nicht mitspielen – Die Kinder haben beschlossen, „Wer fehlt?" zu spielen, aber drei aus der Gruppe möchten nicht mitspielen. Sie wollen lieber Räuber und Gendarm spielen und rennen wild im Zimmer umher.

● Was können die Kinder, die spielen wollen, tun?

63. Absichtliches oder unabsichtliches Zerstören – Was oft passiert: Einige Kinder bauen einen Turm, ein anderes rennt herum und stößt ihn um.

Oder: Einige Kinder haben gemalt, einer stößt das Wasserglas um, und das dreckige Wasser ergießt sich über die fertigen Bilder.

Oder: Uwe sucht etwas und wirft die Tonarbeiten herunter, die auf dem Schrank zum Trocknen standen …

● Was können die Kinder tun, damit alle wieder zufrieden sind? Und zwar auch der Urheber.

 In einer sehr altersgemischten Gruppe hatte ein älteres Kind den Lieblingsbär eines kleinen Jungen beschädigt. Dieser konnte repariert werden, jedoch nicht mehr so gut brummen wie vorher. Im Gesprächskreis berieten die Kinder, wie der Schaden auszugleichen wäre. Der kleine Junge saß mit seinem lädierten Bär im Arm dabei. Die Kinder schlugen vor, einen neuen zu kaufen: „zu teuer!". Den älteren Jungen zu bestrafen mit Fernsehverbot, „davon hat der Kleinere nichts!" Schließlich kam der Vorschlag, der ältere soll mit seinem Taschengeld Gummibärchen kaufen und dem Jüngeren schenken. Dieser nickte und lächelte zum ersten Mal wieder seit dem „Unglück". Der Konflikt war gelöst.

64. Spielregel verletzen – Ein Kind verhält sich anders, als vorher vereinbart. Es möchte beispielsweise plötzlich doch lieber den Lehrer spielen … oder es verrät die Lösung des Rätsels (wo die Sachen versteckt sind …).

65. Ein Kind hat schlechte Laune – Ein Kind boxt andere, stört sie beim Spielen, schimpft 'rum usw. …

● Was können die Kinder tun, wie können sie dazu beitragen, daß es sich wieder wohler fühlt? (Vielleicht können alle zusammen 5 Minuten schimpfen und meckern! Dieser Vorschlag wird den Kindern viel Spaß machen.)

66. Ein Kind hat sich verletzt – Alle toben herum und springen über Tische und Stühle. Plötzlich klemmt sich Peter den Finger. Es tut höllisch weh, und er weint.

● Was nun? Was hilft in dieser Situation? – Die Kinder können mitfühlen, ihn trösten, streicheln, zusammen mit ihm den Finger unter kaltes Wasser halten usw. ...

67. Kaputt – Alle toben fröhlich umher, spielen Indianer ... plötzlich liegt ein Blumentopf zerbrochen auf der Erde! Alle stehen betreten da. *Wer war es?*

● Was können die Kinder tun, ohne sich gegenseitig zu beschuldigen? – Zum Beispiel kann der „Schuldige" im Gesprächskreis zugeben, daß das ihm passiert ist, ohne daß er mit Strafe oder Verurteilung rechnen muß! – Oder: Hanne hat gesehen, wer es war! Was kann sie tun? Zum Beispiel kann sie alleine zu ihm gehen, ihn ansprechen, ihm beistehen, entlastende Gründe suchen helfen oder auch mit ihm zusammen versuchen, das Mißgeschick aus der Welt zu schaffen (s. auch Thema 63).

68. Gewinnen – Ein Kind möchte immer der beste, größte, stärkste, klügste sein ... (Die anderen Kinder können ihm evt. für Dinge, die er wirklich gut kann, Anerkennung zeigen, aber sie können ihm auch sagen, was sie ärgert!)

69. Abräumen – Die Kinder haben vereinbart, abwechselnd den Tisch abzuräumen. Petra ist zwar an der Reihe, aber sie macht nichts mit.

● Was tun? – Vielleicht können sie sie an die Vereinbarung erinnern?

Konflikte mit der Erzieherin: Hier sollten die Kinder selbst erst Vorschläge machen! Anbieten würden sich Probleme wie Aufräumen, Zeiteinteilen, ruhig sein ...

70. Aufräumen – Die Erzieherin möchte, daß die Kinder aufräumen. Sie ist nicht zufrieden, die Kinder haben keine besondere Lust dazu.

● Was kann die Erzieherin tun?
● Was können die Kinder tun?

71. Zeiteinteilung – Die Kinder möchten spielen, die Erzieherin ruft zum Kreis, Frühstück oder zum Aufräumen! Durch ein Gespräch ergab sich schon einmal eine neue Tageseinteilung. Auf Vorschlag der Kinder wurden feste Frühstückszeiten abgeschafft. Jeder ißt nun an einem bestimmten Tisch, wann er möchte. Bis 11 Uhr ist Zeit dazu. Damit es niemand vergißt, erinnert die Erzieherin eine halbe Stunde vorher alle daran.

72. Die Erzieherin hat heute schlechte Laune – Wenn die Kinder merken, daß die Erzieherin heute anders ist als sonst, was können sie tun? Wie können sie mit ihr sprechen?

73. Ruhe – Die Kinder spielen ein tolles Spiel, rennen umher und schreien wie die Indianer, das gehört dazu! Die Erzieherin bittet erst um Ruhe, dann wird sie zornig. Die andere Gruppe/Anwohner beschweren sich über den Lärm.

● Was können alle nun tun?

Konflikte in der Familie: Eine Reihe von Problemen taucht in vielen Familien auf. Gespräche darüber können den Kindern zeigen, daß bestimmte Interessenskonflikte sich in anderen Familien in ähnlicher Weise ereignen und gemeinsame Lösungsmöglichkeiten überlegen. Neben der Allgemeinheit lernen sie aber auch die Besonderheiten der eigenen Situation zu unterscheiden.

74. Anziehen – Ein Kind möchte lieber etwas anderes anziehen als die Mutter will. Kennt ihr dieses Problem? Es möchte zum Beispiel noch lieber seine alten Hosen tragen, statt der neuen, auf die man aufpassen muß; oder lieber den schönen neuen Pulli, statt den alten; oder nicht so dick, die anderen Kinder sind auch nicht so dick angezogen. Und überhaupt die blöde Mütze, ich werd' schon nicht krank!

● Wie ist es bei euch?
● Zieht ihr immer gerne an, was euch die Mutter gibt, oder sucht ihr euch das lieber selbst aus?

75. Schlafen gehen – Wie ist das bei euch abends?

● Wann müßt ihr schlafen gehen?
● Ärgert das euch manchmal, wenn ihr ins Bett sollt und habt noch keine Lust?
● Was passiert dann?
● Was braucht ihr, um gut einschlafen zu können? Eine schöne Geschichte, einen Kuß, einen Bär zum festhalten ... was? Sagt das den Eltern!

76. Fernsehen

● Ist euch schon einmal passiert, daß ihr unbedingt etwas sehen wolltet, aber Mutter/Vater waren dagegen?
● Was passiert dann?
● Was könnt ihr in diesem Fall tun?

77. Essen – Nicht jeder ißt alles gern. Manchmal gibt es Dinge, die ihr einfach nicht mögt – was macht/sagt ihr dann?

● Wer legt bei euch fest, was es zu essen gibt?

78. Geschwisterrivalität

● Habt ihr ältere Geschwister, die schon viel mehr dürfen, als ihr? Zum Beispiel abends länger aufbleiben, andere Filme sehen, mit Freunden spazieren gehen? …
● Hattet ihr schon einmal das Gefühl, ihr müßtet mehr helfen (abwaschen, abtrocknen, aufräumen) als euer(eure) Bruder/ Schwester?
● Müßt ihr manchmal auf eure jüngeren Geschwister aufpassen?
● Stören euch eure Geschwister manchmal?
● Streitet ihr euch von Zeit zu Zeit? Warum?
● Was könnt ihr in diesem Falle machen, wie fühlt ihr euch?
● Was schlagen die anderen vor?

79. Die Eltern haben keine Zeit – Manchmal würdet ihr gern etwas mit den Eltern (Mutter, Oma) unternehmen, aber sie haben so wenig Zeit.

● Habt ihr schon einmal so etwas erlebt? – Ihr möchtet zum Beispiel gern mit ihnen ins Schwimmbad, aber im letzten Augenblick sagt der Vater ab, weil er lieber Fußball sehen möchte, sein Auto reparieren muß … oder müde ist und nach der Zeitung greift.
● Was könnt ihr in solchen Fällen tun/sagen? – Die Berufstätigkeit der Eltern spielt hier eine Rolle, deshalb kann man Überlegungen zur Berufstätigkeit und Arbeitssituation der Eltern hier anschließen oder einbeziehen.

80. Zerbrochen – Auf dem Tisch zu Hause stand eine Glasvase mit Blumen. Erika hat mit ihrer Freundin Fangen gespielt und die Vase dabei umgestoßen. Sie liegt am Boden und ist zerbrochen. Erika hatte die Vase ihrer Mutter zum letzten Geburtstag geschenkt! Sie fürchtet, daß diese nun ärgerlich ist.

● Was kann sie tun?
● Was kann sie ihrer Mutter erklären, vorschlagen?

81. Gefahren – Erich besucht gern seinen Freund, der nur zwei Straßen weiter wohnt. Seine Mutter möchte ihn nicht weglassen. Sie sagt, die Straße sei zu gefährlich für Kinder, sie habe

Angst, daß er unter ein Auto gerät. Erich will aber unbedingt gehen und nicht zu Hause bleiben.

● Wie kann er sich mit seiner Mutter einigen?
● Was können sie tun, damit Erich doch gehen kann und die Mutter beruhigt ist?

Zum Abschluß sei nochmals darauf hingewiesen, daß es keine perfekte Art und Weise gibt, einen Gesprächskreis zu leiten. Jede Erzieherin wird mit der Zeit ihren ganz persönlichen Stil finden. Vor allem hilft Geduld und ein Blick für die kleinen Fortschritte, den Gesprächskreis zu einem Erlebnis besonderer Art werden zu lassen.

Alle Beteiligten können lernen, ihre Erlebnisse, Wahrnehmungen und Erfahrungen mit dem Fühlen zu verbinden und sich echter und übereinstimmender zu äußern.

Eine offene, sich mit sich selbst auseinandersetzende Person ist fähiger zu reicher, tieferer, befriedigenderer Kommunikation mit anderen Menschen (A. Tausch, R. Tausch, 1978, S. 78).

Die Erfahrungen aus dem Gesprächskreis können der erste Schritt in diese Richtung bedeuten.

Eine **Übersicht** über die hier aufgeführten Gesprächsthemen ist auf den Seiten 142–144 abgedruckt.

Literaturhinweise

D. E. Babcock / T. D. Keepers: Miteinander wachsen. München 1980.

G. R. Bach: Pairing. Köln 1974².

H. Bessel u. a.: Magic Circle. An Overview of the Human Development Program. La Mesa (Calif.) 1974.

J. Britton: Die sprachliche Entwicklung in Kindheit und Jugend. Düsseldorf 1973.

D. Baumrind, in: *Mussen / Konger / Kagan:* Lehrbuch der Kinderpsychologie. Stuttgart 1976, S. 422 f.

C. Cazden: Die Situation – Eine vernachlässigte Ursache sozialer Klassenunterschiede im Sprachgebrauch. In: *Klein / Wunderlich* (Hrsg.): Aspekte der Soziolinguistik. Frankfurt 1972.

B. Daublebsky: Spielen in der Vorschule. Vorschläge und Begründungen für ein Spielcurriculum. Stuttgart 1973.

J. Engelkamp: Psycholinguistik. München 1974.

A. Flitner: Spielen und Lernen. Praxis und Deutung des Kinderspiels. München 1975⁴.

– (Hrsg.): Das Kinderspiel (Texte). München 1974².

H. Friedrich / I. Schult / P. Schuster: Arbeitshilfen Spielpädagogik 2 – Kommunikation, Kooperation mit Kindern, Eltern, Kollegen. Frankfurt 1982, Paritätisches Bildungswerk.

A. Garlichs / R. Messner: Tendenz in der Reform der Ziele und Inhalte des Elementarunterrichts in der BRD. In: *Bennwitz / Weinert:* Ciel, ein Forschungsprogramm zur Elementarerziehung und seine wissenschaftlichen Voraussetzungen. Hannover 1973.

H. J. Ginott: Elternratgeber. Hamburg 1969.

H. Goetze / W. Jaede: Die nicht-direktive Spieltherapie. München 1974.

T. Gordon: Lehrer-Schüler-Konferenz. Hamburg 1976.

–: Familienkonferenz. Hamburg 1974.

I. Graudenz: Selbstwahrnehmung und Wahrnehmung mütterlichen Verhaltens 5–6jähriger Vorschulkinder. In: Psychologie in Erziehung und Unterricht, 1974, 21, S. 203–211.

H. Grimm / H. Schöler / M. Wintermantel: Zur Entwicklung von Bedeutungen. Weinheim 1975, S. 11–24.

C. J. Höper u. a.: Die spielende Gruppe. Wuppertal 1974.

W. Klein / D. Wunderlich: Aspekte der Soziolinguistik. Frankfurt 1972.

J. Liedloff: Auf der Suche nach dem verlorenen Glück. München 1980.

A. Mandel / H. Mandel: Einübung in Partnerschaft durch Kommunikation und Verhaltenstherapie. München 1973.

A. Montagu: Körperkontakt – Die Bedeutung der Haut für die Entwicklung des Menschen. Stuttgart 1974.

A. Sagi: Verhaltensauffällige Kinder im Kindergarten. Freiburg 1982.

M. Schenk: Erzieherverhalten im Elementarbereich. Frankfurt 1976.

S. Schmidtchen / A. Erb: Analyse des Kinderspiels. Köln 1976.

S. Smilanski: Die Wirkungen sozialen Rollenspiels auf benachteiligte Vorschulkinder, S. 151; Anleitung zum sozialen Rollenspiel, S. 230: In: *Flitner* (Hrsg.): Texte. A. a. O.

R. Spitz: Die anaklitische Depression. In: *Bittner* (Hrsg.): Erziehung in früher Kindheit. München 1968.

A. Tausch / R. Tausch: Erziehungspsychologie. Göttingen 1971[6], 1977 ganz neugestaltete Auflage, 1979[7].

–: Reversibilität/Irreversibilität des Sprachverhaltens in der sozialen Interaktion. In: Psycholog. Rundschau, 1965, 16, S. 28–42.

A. Tausch: Die Auswirkung der Art sprachlicher Verbote erziehender Erwachsener auf das Verhalten von Schulkindern; eine experimentelle Untersuchung. In: Ztschr. für Psychologie, 1960, S. 164, 215–254.

A. Tausch / A. Barthel / B. Fittkau / H. Hübsch: Variablen und Zusammenhänge der sozialen Interaktion im Kindergarten. In: Psycholog. Rundschau, 1968, 19, S. 267.

M. Wintermantel / M. Knopf: Einfluß der Beziehung zum Dialogpartner auf den Sprechstil Fünfjähriger. In: Ztschr. für Entwicklungspsychologie und Päd. Psychologie, Bd. 3, 1976, S. 289.

Übersicht über die Spiele

SPIELE	ZIELE

Kennenlernspiele

1. Wer bist du?	Kontaktaufnahme, Namen kennen-lernen.
2. Wer bin ich, wie sehe ich aus?	Personwahrnehmung, Person-beschreibung.
3. Ein großer Scheren-schnitt	Erfahrung der eigenen Größe.
4. Wer ist das wohl?	Personwahrnehmung, Person-beschreibung.

Rate- und Erforschungsspiele

5. Der Wundersack	Unterscheiden von Gegenständen durch tasten und fühlen; die Emp-findung beschreiben, den Gegen-stand raten und benennen; erklä-ren und begründen, worauf sich das Urteil stützt.
6. Schmeckt's?	Unterscheiden der verschiedenen Geschmacksrichtungen; beschrei-ben und begründen der Empfin-dung.
7. Im Dunkeln tappen	Orientieren, ohne zu sehen (nach der Vorstellung).
8. Hörst du was?	Unterscheiden von Geräuschen; diese benennen.
9. Wer fehlt?	Beobachten, erinnern und be-schreiben von Merkmalen einer Person.
10. Ich sehe was, was du nicht siehst	Wahrnehmen und genaues be-schreiben eines Gegenstandes; Begriffsbildung.

SPIELE	ZIELE
11. Was fehlt?	Beobachten, erinnern an Eigenschaften und den Standort von Dingen – mit Hilfe von fragen und raten.
12. Was hat sich verändert?	Beobachten, erinnern an Eigenschaften und den Standort von Dingen – mit Hilfe von fragen und raten.
13. Sammeln	Hören, Sehen, Riechen, Schmekken, Spüren; lernen, daß Bedeutungen für jeden Menschen verschieden sind.

Phantasiespiele

14. Stell dir mal vor	Vorstellungen und Ideen entwikkeln, Wünsche und Bedürfnisse ausdrücken, phantasieren, erzählen.
15. Geisterstunde	Vorstellungen und Ideen entwikkeln, phantasieren, erzählen, berichten.
16. Zaubern	Wünsche und Bedürfnisse ausdrücken.
17. Phantasiereise	Sinnliche Wahrnehmung in der Phantasie erleben.

Symbol- und Rollenspiele

18. Tiere spielen	Nachahmung.
19. Einladung zum Phantasieessen	Eigene Vorstellungen und Ideen symbolisch darstellen.
20. Wir erfinden Schilder	Eigene Vorstellungen und Ideen in Zeichen umwandeln.
21. Rollenspiel 1	Darstellen von Bezugspersonen.
22. Rollenspiel 2	Darstellen von Situationen.

SPIELE	ZIELE
23. Rollenspiel 3	Darstellen von Erlebnissen und Erfahrungen.
24. Rollenspiel 4	Darstellen von Fantasien, Ideen und Märchen.
25. Rollenspiel 5: Der Zirkus kommt	Darstellen von Personen, Tieren, Situationen aus dem Zirkus.
26. Rollenspiel 6: Markt	Darstellen von Tätigkeiten und Berufen.
27. Handpuppenspiel	Symbolische Darstellung von Personen, Handlungen und Situationen.

Pantomime

28. So-tun-als-ob 1	Einfache Tätigkeiten erkennen und ausdrücken.
29. So-tun-als-ob 2	Gefühle wahrnehmen und ausdrücken.
30. So-tun-als-ob 3	Charakteristische Merkmale von Personen darstellen.
31. So-tun-als-ob 4	Wichtige Gehalte verschiedener Situationen charakterisieren.
32. So-tun-als-ob 5	Typische Verhaltensweisen von Tieren darstellen.
33. So-tun-als-ob 6	Persönliche Bedeutung von Begriffen ausdrücken.
34. So-tun-als-ob 7	Charakteristische Eigenschaften von Gegenständen darstellen.
35. So-tun-als-ob 8	Phantasien und Ideen ausdrücken.

Gestaltendes Spiel

36. Wir entwerfen eine Stadt, ein Haus ...	Wünsche, Bedürfnisse, Interessen und Ansichten kreativ ausdrücken.

Übersicht über die Gesprächsthemen

BEREICHE	THEMA

Gefühle, Bedürfnisse, Interessen und Wünsche

1. Eine angenehme Erinnerung
2. Mein Lieblingstier
3. Mein Lieblingsessen
4. Mein liebstes Ding
5. Mein Lieblingsspiel
6. Ein lustiges Erlebnis
7. Ein besonderes Geschenk
8. Mein Lieblingsplatz
9. Meine Lieblingssendung, Film
10. Etwas Schönes, Interessantes
11. Etwas, auf das ich mich freue
12. Lieblingsbeschäftigung
13. Ein guter Freund, gute Freundin
14. Freude
15. Wut, Ärger
16. Traurig sein
17. Angst
18. Ein kleiner Unfall
19. Scherben
20. Verboten
21. Krank sein
22. Was ich mir manchmal sehr wünsche

Phantasien / Ideen

23. Wovon ich manchmal träume
24. Wenn ich alles tun könnte, was ich wollte
25. Wenn ich mal für einen Tag unsichtbar wäre
26. Wenn ich zaubern könnte
27. Wenn ich fliegen könnte
28. Wenn ich ein Tier wäre
29. Wenn ich groß wäre
30. Wie ich als Vater, Mutter oder Erzieherin wäre
31. Was ich einmal furchtbar gerne tun würde

BEREICHE	THEMA
	32. Eine ganz verrückte Geschichte
	33. Lügengeschichten
Meinungen und	34. Strafe
Ansichten	35. Verbote
	36. Sollten Kinder früh ins Bett gehen?
	37. Was würdet ihr ganz anders machen als die meisten Erwachsenen?
	38. Aufräumen und Ordnung
	39. Berufe: Was ich werden möchte Beruf der Eltern
	40. Wie sollte eine Wohnung eingerichtet sein?
	41. Wie stellt ihr euch eine Stadt vor?
	42. Jungen und Mädchen
	43. Was sollte im Kindergarten anders sein?
Fähigkeiten und	44. Als ich einmal eine gute Idee hatte
Fertigkeiten	45. Was ich schon kann
	46. Etwas Gutes tun
	47. Ein kluger Einfall
	48. Ein kluger Gedanke
	49. Als ich einmal Pech hatte
	50. Ein kleines Mißgeschick
Probleme	51. Das war schwierig
	52. Als ich jemandem geholfen habe
	53. Als mir jemand geholfen hat
	54. Verlaufen
	55. Verloren
	56. Fremd
	57. Kooperation
Konflikte	58. Aus aktuellem Anlaß ...
	59. Streit um Spielzeug
	60. Wegnehmen